Susanne Fetzer

Lachen und Schmunzeln ist gut gegen Runzeln

Originelle Entwürfe für
unvergessliche Stunden im Frauenkreis

R. BROCKHAUS VERLAG WUPPERTAL

ABCteam-Bücher erscheinen in folgenden Verlagen:

Aussaat Verlag Neukirchen-Vluyn
R. Brockhaus Verlag Wuppertal
Brunnen Verlag Gießen und Basel
Christliches Verlagshaus Stuttgart
Oncken Verlag Wuppertal und Kassel

© 2002 R. Brockhaus Verlag Wuppertal
Umschlaggestaltung: Dietmar Reichert, Dormagen
Umschlagfoto: Benelux – ZEFA, Düsseldorf
Gesamtherstellung: Breklumer Druckerei Manfred Siegel KG
ISBN 3-417-11253-2
Bestell-Nr. 111 253

INHALT

Ein Wort zuvor 9

Thema:
Füße

1. Das Thema 11
2. Assoziationen 11
   a) Stichworte und Redewendungen 11
   b) Worte aus der Bibel 12
   c) Lieder 14
3. Andacht und Gebet 14
4. Materialsammlung zum Thema 19
   a) Lebensbild von Gladys Aylward: Eine Missionarin kümmert sich um die chinesische Fußgesundheit 19
   b) Gedicht von C. F. Meyer: Die Füße im Feuer 25
   c) Aphorismus 27
   d) Gedicht von M. Fishback Powers: Spuren im Sand ... 27
   e) Die Geschichte von Achilles und seiner Ferse 28
   f) Erzählung von Pfarrer W. Busch: Wer putzt Gott die Schuhe? 29
   g) Ein Gedicht geht um die Welt: Die Entstehung von »Spuren im Sand« 30
5. Unterhaltsames 35
   a) Sketsch: Im Kaufhaus 35
   b) Lied mit Bewegungen 37
   c) Rätsel- und Scherzfragen 39
   d) Spiele 40
   e) Preise 41
6. Gestaltungsideen 42
7. Vorschlag für den Stundenablauf 42
8. Literatur und Adressen 43

Thema:
Nadel, Faden, Fingerhut – Plaudereien rund ums Nähkästchen

1. Das Thema 45

2. Assoziationen 45
   a) Stichworte und Redewendungen 45
   b) Worte aus der Bibel 46
   c) Lieder 47

3. Andacht und Gebet 48

4. Materialsammlung zum Thema 51
   a) Lebensbild von Margarete Steiff 51
   b) Wilhelm Busch, Max und Moritz: Dritter Streich 55
   c) Märchen der Brüder Grimm: Das tapfere Schneiderlein 57
   d) Der Faden der Ariadne 60
   e) Erzählung: Die billigste Versicherung 62
   f) Erzählung: Ein Bindfaden macht Karriere – die Geschichte der Glühbirne 63

5. Unterhaltsames 65
   a) Sketsch: Der Einkauf 65
   b) Rhythmisches Bewegungsspiel 69
   c) Spiele 70
   d) Weitere Ideen 71
   e) Preise 72

6. Gestaltungsideen 72

7. Vorschlag für den Stundenablauf 72

8. Literatur und Adressen 73

Inhalt 5

Thema:
Vom Kirchturm geblickt

1. Das Thema 74

2. Assoziationen 74
   a) Stichworte und Redewendungen 74
   b) Worte aus der Bibel 75
   c) Lieder 75

3. Andacht und Gebet 76

4. Materialsammlung zum Thema 79
   a) Lebensbild: Marie Durand 79
   b) Gedicht von Wilhelm Busch: Der Türmer 83
   c) Till Eulenspiegel als Turmbläser 84
   d) Wissenswertes 87
   e) Artikel über den Kirchturm-Hahn: Wächter in luftiger Höhe 88
   f) Artikel über den Türmer am Ulmer Münster: Ein Job für Schwindelfreie 91

5. Unterhaltsames 93
   a) Sketsch: Die Erstbesteigung 93
   b) Bewegungslieder im Sitzen 97
   c) Spiele 100
   d) Aktivitäten 101
   e) Preise 101

6. Gestaltungsideen 101

7. Vorschlag für den Stundenablauf 103

8. Literatur und Adressen 103

Thema:
Alle(s) unter einem Hut

1. Das Thema 104

2. Assoziationen 104
   a) Stichworte und Redewendungen 104
   b) Worte aus der Bibel 106
   c) Lieder 107

3. Andacht und Gebet 109

4. Materialsammlung zum Thema 112
   a) »Doktorhut und Weibermütze« – ein Lebensbild der ersten Ärztin Dorothea Erxleben 112
   b) Gedicht von Chr. F. Gellert: Die Geschichte von dem Hute 118
   c) Streiflichter aus der Geschichte der Kopfbedeckungen: Hermines Hut erzählt 120
   d) Erzählung von C. Nöstlinger: Wie der Franz die Mama überraschte 124

5. Unterhaltsames 130
   a) Sketsch: Der Hut 130
   b) Geschichte mit Bewegungen: Hubert und Mathilde Blümchen 136
   c) Bewegungslied im Sitzen 137
   d) Weitere Ideen 138
   e) Preise 140

6. Gestaltungsideen 140

7. Vorschlag für den Stundenablauf 140

8. Literatur und Adressen 144

Inhalt 7

Thema:
Winter

1. Das Thema 145

2. Assoziationen 145
   a) Stichworte und Redewendungen 145
   b) Worte aus der Bibel 146
   c) Lieder 147

3. Andacht und Gebet 147

4. Materialsammlung zum Thema 152
   a) Lebensbild: Jerri Nielsen – Ärztin am Südpol 152
   b) Lustiger Reim 158
   c) Gedicht von J. Rist: Auf die nunmehr angekommene kalte Winterszeit 158
   d) Gedicht von M. Claudius: Ein Lied, hinterm Ofen zu singen 159
   e) Artikel von M. Lübtow: Die Jahreszeiten des Lebens . 160
   f) Erzählung: Eine seltsame Schneegeschichte 164

5. Unterhaltsames 166
   a) Sketsch: Die Schneiderfahrt 166
   b) Bewegungslied im Sitzen 168
   c) Rätsel 169
   d) Weitere Ideen 174
   e) Preise 174

6. Gestaltungsideen 175

7. Vorschlag für den Stundenablauf 175

8. Literatur und Adressen 176

Ein Wort zuvor

»Lachen und Schmunzeln ist gut gegen Runzeln« – aber es tut auch der Seele gut! Ein orientalisches Sprichwort sagt: »Die Ankunft eines guten Clowns in einer Stadt ist wertvoller als dreißig mit Medikamenten beladene Esel.«

In den letzten Jahren habe ich immer wieder bunte, fröhliche Frauenkreisstunden gehalten und festgestellt: Den Teilnehmerinnen hat es sehr gefallen!

Vor allem Frauen in der zweiten Lebenshälfte kommen oft aus einer Situation der Einsamkeit und der Trauer in den Frauenkreis. Und da tut es gut, gemeinsam zu lachen und fröhlich zu sein!

Mit diesem Buch bekommen Sie Vorschläge für ungewöhnliche Themen und humorvolle Programmbeiträge in die Hand. Ein paar vorangestellte Tipps sollen Ihnen bei der Durchführung der Themen helfen:

– Wenn Sie einen solchen Nachmittag halten, dann nehmen Sie alles nicht zu ernst. (Das heißt nicht, dass Sie sich nicht gut vorbereiten sollen!) Wenn Ihre vorbereiteten Programmpunkte mal nicht alle zum Zug kommen, ist das nicht so schlimm. Viel wichtiger ist es, miteinander zu reden und zu lachen.
– Humorvolle Frauenkreisstunden leben von den überraschenden Kleinigkeiten, etwa wenn Sie bei dem Thema »Nadel, Faden ...« zu Beginn einen roten Faden vor sich hinlegen, damit Sie an diesem Nachmittag den Faden nicht verlieren. Oder wenn Sie beim Thema »Hut« einen Hut als Opferbüchse aufstellen. Ihrer Phantasie sind da keine Grenzen gesetzt!
– Zu jedem Thema finden Sie einen Abschnitt »Preise«. Diese Preise sollen keine Belohnung sein, sondern das Thema noch einmal auf überraschende Weise variieren. Verteilen Sie solche kleinen Preise großzügig und nutzen Sie immer auch den Überraschungseffekt. Sie werden sehen: Die Preise machen das Thema noch einmal auf ungewohnte Weise anschaulich, und ganz sicher wird manche Frau darüber von Herzen lachen. Wenn etwa nach der »Reise nach Jerusalem« die Siegerin einen

Fußbalsam bekommt, weil sie so viel laufen musste. Oder wenn die älteste Teilnehmerin beim Thema »Winter« zur *Schnee*königin erklärt wird und einen *Eis*salat erhält, damit sie weiterhin gut durch den Winter kommt.
- Ein gemeinsames »Brainstorming« zu Beginn ist oft zu empfehlen: Gemeinsam werden alle Worte, Gedanken und Einfälle zum Thema zusammengetragen. Dabei gibt es kein »richtig« und kein »falsch«. Alles, was einem in den Sinn kommt, darf genannt werden.
- Zu jedem der Themen finden Sie als Ergänzung auch nachdenkliche Beiträge.

Und nun wünsche ich Ihnen viel Spaß beim Gebrauch dieses Buches!

Füße

1. Das Thema

Es war in der Zeit vor Ostern. Ich war bei einer griechischen Frau eingeladen. Wir unterhielten uns gut. Und irgendwann erzählte sie mir von Hochzeiten in Griechenland. Sie erzählte von der Trau-Liturgie, in deren Verlauf der Mann der Frau auf die Füße tritt, um zu zeigen: »Ich habe in unserer Ehe das Sagen.« Doch nicht jede Frau lässt sich das heute gefallen. So versuchen bei manchen Hochzeiten die Brautleute, sich gegenseitig auf die Füße zu treten. Diese Prozedur wird von den Hochzeitsgästen schon mit Spannung erwartet und dient zur allgemeinen Erheiterung.

Mich hat diese Geschichte noch einige Tage beschäftigt. Und dann fiel mir die Geschichte von der Fußwaschung Jesu ein. Sie gehört ja in diese Zeit vor Ostern. Wie ganz anders verhält sich der Herr dieser Welt, der seinen Jüngern die Füße wäscht, der sich freiwillig unterordnet!

So entstanden meine Überlegungen zum Thema »Füße«. Und es hat sich gezeigt: Dieses Thema ist wirklich vielfältig. Heiteres, Nachdenkliches und Lehrreiches – so vieles passt dazu.

2. Assoziationen

a) Stichworte und Redewendungen

Stichworte:
Fußangel, Fußtritt, Holzfuß, Klumpfuß, Schienbein, Kratzfuß, Käsefüße, Schweißfuß, Fußball, Gasfuß, Bleifuß, Senkfuß, Plattfuß, Fußsohle, Schuhsohle, Socken, per pedes, orthopädische

Schuhe, Fußgymnastik, Fußreflexzonenmassage, Fußpflege, Hühnerauge, Warze, Krampfadern, eingewachsener Zehnagel, Fußpilz, Fußmarsch, Fußweg, Fußbad, Sprungfuß, Achillesferse, barfuß, Barfüßerkirche

Was man mit Füßen alles machen kann:
rennen, laufen, stolpern, hinken, schleichen, auftreten, zutreten, zusammentreten, hüpfen, springen, kicken, stampfen, strampeln, wippen, trampeln, schlendern, stehen, schwanken

Redewendungen:
– etwas fußt auf etwas
– festen Boden unter den Füßen haben
– auf großem Fuß leben
– mich drückt der Schuh
– den Fuß zwischen die Tür bringen
– mit beiden Beinen fest auf der Erde stehen
– dem Anderen auf die Zehen treten
– unterm Tisch dem Anderen auf die Füße treten
– den Boden unter den Füßen wegziehen
– »Zeigt her eure Füße, zeigt her eure Schuh' ...«
– »Kalter Kopf und Füße warm, machen den besten Doktor arm«

b) *Worte aus der Bibel*

Geschichten:
1. Mo. 8,9: Sintflutgeschichte: Die Taube findet keinen Platz, wo ihr Fuß ruhen könnte.
2. Mo. 3,5: Berufung des Mose: Mose soll seine Schuhe von seinen Füßen ziehen, da er auf heiliges Land tritt.
Mt. 10,14: Die Aussendung der Jünger: Wenn sie von jemandem nicht aufgenommen werden, sollen sie den Staub von den Füßen schütteln.
Lk. 10,39: Geschichte von Maria und Martha: Maria setzt sich zu Jesu Füßen.

Füße/Biblisches

Lk. 24,39: Nach der Auferstehung zeigt Jesus seine Hände und Füße, damit ihn die Jünger erkennen.
Lk. 7,38: Die Sünderin küsst und trocknet Jesu Füße.
Joh. 13,5: Geschichte von der Fußwaschung Jesu.
Apg. 7,57: Bei der Steinigung des Stephanus werden Kleider zu Saulus' Füßen abgelegt.
Apg. 22,3: Paulus berichtet, dass er zu den Füßen Gamaliels unterrichtet wurde.

Weitere Bibelstellen:
1. Mo. 21,24: Auge um Auge, Zahn um Zahn, Hand um Hand, Fuß um Fuß.
Ruth 4,7-8: Bezeugung eines Tausches oder einer Lösung durch das Ausziehen eines Schuhes.
Ps. 8,7: Alles ist unter Gottes Füße getan.
Ps. 31,9: »Du stellst meine Füße auf weiten Raum.«
Ps. 65,12: »Deine Fußstapfen triefen von Segen.«
Ps. 110,1: »Der Herr sprach zu meinem Herrn: Setze dich zu meiner Rechten, bis ich deine Feinde zum Schemel deiner Füße mache.«
Ps. 119,105: »Dein Wort ist meines Fußes Leuchte und ein Licht auf meinem Wege.«
Jes. 52,7: »Wie lieblich sind auf den Bergen die Füße der Freudenboten.«
Mi. 7,19: »Er wird sich unser wieder erbarmen, unsere Schuld unter die Füße treten und alle unsere Sünden in die Tiefen des Meeres werfen.«
Mt. 5,35: Die Erde ist der Schemel der Füße Gottes.
1. Kor. 12,15: Viele Glieder – ein Leib.
Hebr. 12,13: »Macht sichere Schritte mit euren Füßen.«
Jak. 2,3: Ermahnung, in der Gemeinde niemanden zu bevorzugen: »... setze dich unten zu meinen Füßen.«
1. Petr. 2,21: Wir sollen Jesu Fußstapfen nachfolgen.

c) Lieder

EG (Evangelisches Gesangbuch) 123: Jesus Christus herrscht als König; V. 1: »... alles legt ihm Gott zu Fuß«
EG 196: Herr, für dein Wort sei hochgepriesen; V. 6: »... die Leuchte unsrer Füße«
EG 361: Befiehl du deine Wege; V. 1: »... da dein Fuß gehen kann«
EG 400: Ich will dich lieben, meine Stärke; V. 6: »... Lass meinen Fuß in deinen Wegen nicht straucheln oder stille stehn«
EG 502: Nun preiset alle; V. 2: »... alles zu Fuß ihm fällt«
EG 553: Kanon: Gottes Stimme lasst uns sein; »... alles ihm zu Füßen liegt«
EG 647 (württembergischer Regionalteil): Kanon: Du stellst meine Füße auf weiten Raum
JN (Jesu Name) III 815: Du stellst meine Füße auf weiten Raum

Stern auf den ich schaue

»Zeigt her eure Füße, zeigt her eure Schuh«
»Heißa Kathreinerle, schnür mir die Schuh«
»Mich brennt's in meinen Reiseschuh'n«
Schustertanz
»Von Luzern uf Wäggis zu, braucht mer weder Strümpf noch Schuh«
Wander- und Tanzlieder

3. Andacht und Gebet

Hochzeiten sind überall auf der Welt ganz besondere Ereignisse. Und in den verschiedenen Ländern gibt es die unterschiedlichsten Hochzeitsbräuche. Viele davon sind uns fremd, so auch ein Brauch aus der Trauzeremonie der griechisch-orthodoxen Kirche.

Während der Trauung gibt es eine Szene, auf die alle schon mit Spannung warten: Der Bräutigam tritt der Braut – zur allgemeinen Erheiterung – auf die Füße. Er tritt ihr auf die Füße und will damit sagen: Ich habe in unserer Ehe das Sagen, ich bin der Herr im Haus.

Füße/Andacht

Nun lässt sich das im Zeitalter der Gleichberechtigung nicht mehr jede Frau gefallen. Und so gibt es heute auch Trauungen, in denen Braut und Bräutigam versuchen, sich gegenseitig auf die Füße zu treten – ebenfalls zur allgemeinen Erheiterung.

Für uns ist dieser Brauch ungewohnt. Aber die Sache kennen wir gut.

Uns geht es oft gar nicht anders als diesen Brautpaaren.
– Wir wollen selbst Herr im Haus sein.
– Wir wollen gerne das Sagen haben.
– Schon bei Kindern fängt das an. Gerne will jeder der Anführer sein.

Notfalls treten wir dem Anderen dazu auch mal auf die Füße.

Nun gibt es auch im NT eine Geschichte, in der Füße eine Rolle spielen. Jesus und seine Jünger haben sie erlebt. Es ist die Geschichte von der Fußwaschung. Und seltsam – wie ganz anders als wir verhält sich Jesus!

Es war kurz vor dem Passafest. Die Ereignisse hatten sich zugespitzt. Die Schlinge begann sich langsam zuzuziehen. Noch einmal saßen Jesus und die Jünger bei einem gemeinsamen Abendessen zusammen. Die Jünger wussten noch nicht, dass es ihr letztes gemeinsames Mahl mit Jesus sein würde. Und doch spürten sie wohl schon, dass sich dunkle Wolken zusammenbrauten.

In dieser Atmosphäre der drohenden Gefahr und des Abschiednehmens erlebten die Jünger Außergewöhnliches, etwas, was gar nicht zum normalen Ablauf eines Abends gehörte:

Jesus stand auf, zog sein Obergewand aus, nahm ein Tuch und band es wie eine Schürze um. Dann nahm er eine Schüssel und goss aus einem Krug Wasser hinein. Er ging mit der Schüssel zu einem der Jünger, kniete sich vor ihm nieder und begann, ihm die Füße zu waschen.

Die Augen der Jünger wurden groß und größer. Was sollte das heißen? In vornehmen Häusern gab es Sklaven, die Gästen die Füße wuschen, denn in den Sandalen steckten ja die nackten Füße, und die Füße waren staubig, wenn man von der Straße kam.

Aber Jesus war doch nicht ihr Diener! Er war ihr Meister, der Prophet Gottes, ja sogar Gottes Sohn! Und *er* tat die Arbeit eines Dieners!

Die Jünger waren so erstaunt, dass sie sich nacheinander die Füße waschen ließen, ohne etwas zu sagen.

Dann kniete Jesus vor Petrus. Und der empörte sich nun doch: »Herr, auf keinen Fall sollst du mir die Füße waschen!« Da sah Jesus ihn an: »Wenn du dir nicht von mir die Füße waschen lässt, dann hast du keinen Teil an mir«, entgegnete er ihm.

Einen Augenblick dachte Petrus nach. Es ging Jesus also nicht nur um saubere Füße. Er meinte damit noch mehr.

»Herr«, sprudelte es da aus ihm hervor, »dann wasche mir doch nicht nur die Füße, sondern auch die Hände und den Kopf!«

Doch Jesus antwortete: »Das ist nicht nötig. Wenn ich deine Füße wasche, dann ist es genug.«

Jesus fuhr fort, den restlichen Jüngern die Füße zu waschen. Dann zog er sein Obergewand wieder an und setzte sich wieder zu ihnen.

»Versteht ihr, was ich euch getan habe?«, fragte er seine Jünger. »Ich habe euch ein Beispiel gegeben. Ihr sollt es genauso machen. Ihr nennt mich Meister und Herr. Und das bin ich auch. Trotzdem habe ich euch die Füße gewaschen. Wenn *ich* das getan habe, sollt *ihr* es untereinander erst recht tun. Denn der Diener ist nicht größer als sein Herr. Und der Bote ist nicht größer als der, der ihn geschickt hat.«

Jesus als Herr, als Sohn Gottes, als König der Welt tut diesen niederen Dienst, um den sich keiner reißt, und wäscht seinen Jüngern die Füße.

Nun sind viele von uns Frauen für den Haushalt zuständig, und viele ähnliche »niedere Dienste« gehören zu unserem Aufgabengebiet. Um unten, bei den Füßen, anzufangen:

Das Putzen der Schuhe, das Zusammenlesen der verstreuten Socken, das Schrubben der Böden.

Dann Dinge wie das Putzen der Toiletten, das Wegbringen des Mülls, das Abziehen eines völlig verspuckten Lakens bei einem

kranken Kind oder das Wechseln des Urinbeutels bei einem
pflegebedürftigen Familienmitglied.
All das sind auch heute keine allzu beliebten Tätigkeiten, und sicher ist es zwischendurch auch gut, in der Familie gemeinsam zu überlegen, wer außer der Mutter und Hausfrau vielleicht eine dieser Aufgaben übernehmen kann. Und doch werden immer unangenehme Aufgaben bleiben.

Jesus ermutigt uns alle, gerade diese »kleinen«, ungeliebten und manchmal auch unangenehmen Dienste aus Liebe füreinander zu tun. So wie auch er sich aus lauter Liebe auf den Dienst des Füßewaschens einließ.

Das ist die erste Dimension dieser Geschichte. Jesus sagt: »Ein Beispiel habe ich euch gegeben, damit ihr tut, wie ich euch getan habe.«

Aus Liebe zu ihm und zu unserem Nächsten sollen wir – Frauen und Männer – auch zu niederen Diensten bereit sein.

Aber dann hat diese Geschichte noch eine zweite wichtige Dimension: Sie hängt mit dem Wort Jesu zusammen, das er zu Petrus sagt: »Wenn ich dich nicht wasche, so hast du keinen Teil an mir.«

Wir sollen also nicht nur anderen die Füße waschen, sondern auch uns selbst von Jesus die Füße waschen lassen. Jesus will uns dienen. Wenn wir diesen Dienst an uns nicht zulassen, können wir ihm nicht gehören.

Manchmal ist es ja ganz nett, sich bedienen zu lassen, z.B. in einem Restaurant. Aber da, wo wir unseren wunden Punkt oder unseren Stolz haben, da fällt es uns sehr schwer, uns helfen zu lassen:

Wer gibt etwa beim Älterwerden gerne zu, dass er etwas nicht mehr kann, z.B. das Fensterputzen, und bittet gerne um Hilfe?

Aber auch bei einem kleinen Kind ist es schon so: Da trägt so ein kleiner Wicht eine Schüssel mit Salat ins Esszimmer. Aber er lässt sich auf keinen Fall helfen: »Kann ich selber«, sagt er ganz entschieden.

»Kann ich selber« – das ist oft auch unsere Haltung. »Kann ich selber« ...
- mit meinem Leben zurecht kommen,
- mit meiner Schuld fertig werden,
- vor Gott recht dastehen.

Und da fällt es uns nicht immer leicht zu sagen:
- Ja, Herr Jesus, du darfst mir dienen,
- du darfst mich heil machen,
- dein liebender Dienst am Kreuz von Golgatha soll auch für mich geschehen sein,
- ich brauche es, dass du mich wäschst, dass du mich reinigst, dass du mir dienst, dass du mich gesund machst, dass du meine Schuld vergibst.

Die Geschichte von der Fußwaschung Jesu will uns zu zwei Dingen ermutigen: Sie will uns ermutigen,
- dass wir uns von Jesus dienen lassen, dass wir unsere Füße von ihm waschen lassen, dass er uns rein macht,
- dass wir bereit sind, auch anderen zu dienen, so wie Jesus es getan hat.

Gebet

Herr Jesus Christus!

Hab Dank für diese Geschichte von der Fußwaschung, die uns deine große Liebe zeigt. Deine Liebe, die sich erniedrigt und bereit ist, den unteren Weg zu gehen bis hin zum Tod am Kreuz.

Herr, wenn wir durch unser Leben gehen, dann machen auch wir uns immer wieder die Füße schmutzig. Wir haben es nötig, dass du uns dann dienst, dass du uns rein machst, dass du uns unsere Schuld vergibst. Danke, dass wir dir unsere Füße und unser Herz hinstrecken dürfen, dass du sie waschen und erneuern willst.

Herr, so wie du deinen Jüngern damals die Füße gewaschen hast, so lass auch uns immer wieder bereit sein, aus Liebe zu dir anderen Menschen zu dienen.

Wir danken dir, dass du uns dabei helfen willst. Amen.

4. Materialsammlung zum Thema

a) Lebensbild von Gladys Aylward: Eine Missionarin kümmert sich um die chinesische Fußgesundheit

Aufrecht und stolz standen die beiden Soldaten auf dem Platz. Aus allen Richtungen kamen die Bewohner des Dorfes. Männer und Jungen liefen herzu, die Frauen und Mädchen humpelten langsam hinterher. Diese beiden Soldaten als Abordnung des Mandarins in ihrem kleinen Dorf, hier oben in den chinesischen Bergen: Das war etwas Besonderes!

Ob dieser Besuch wohl Gutes bedeutete, oder brachten die Soldaten schlechte, unheilvolle Nachrichten und Befehle?

»Hört alle mal her!«, rief einer der Soldaten. »Befehl des Mandarins: Ab heute ist es verboten, die Füße der neugeborenen Mädchen mit Bandagen einzuwickeln. Und bei größeren Kindern sollen die Binden abgenommen werden, wenn sich ihr Fuß noch erholen kann. Dies ist der Befehl des Mandarins. Wer ihn nicht befolgt, wird ins Gefängnis geworfen.«

Eine kleine, schlanke Frau trat nun hervor. Die Dorfbewohner musterten sie aufmerksam, fast ängstlich. Sie war keine Chinesin, das sahen sie. Sie war ein »fremder Teufel«, eine Ausländerin. Ausgerechnet sie war die persönliche Fußinspektorin des Mandarins. Sie kam im Auftrag und mit der Vollmacht des Mandarins von Yang Cheng, dem die Bewohner Gehorsam schuldeten.

Die Frau ging zielstrebig auf das erste Haus zu. Es war ein einfaches, einstöckiges Haus, aus Fels und Lehm gebaut, mit einem großen Raum in der Mitte, der gleichzeitig zum Wohnen und zum Schlafen diente.

Ein kleines, dreijähriges Mädchen versteckte sich ängstlich hinter ihrer Mutter. »Bindet ihre Füße auf!«, befahl die Fußinspektorin. Ohne zu zögern nahm die Mutter ihre Tochter auf den Schoß, und drei Frauen halfen ihr, langsam die Binden von den Füßen zu lösen. Heraus kamen winzig kleine Füße, viel zu klein für eine Dreijährige. Die Zehen waren stark nach unten gebogen und in die

Sohlen hineingedrückt. Vorsichtig nahm die Fußinspektorin den kleinen Mädchenfuß in die Hand, begann die Zehen von der Sohle zu lösen und den Fuß zu massieren. Plötzlich fing das Mädchen an zu lachen: »Das kitzelt!«, rief sie.

Nachbarsfrauen waren inzwischen herzugekommen. Sie verfolgten gespannt das Ereignis. Sie schauten sich erleichtert an, manche lächelten. Was hier geschah, das gefiel ihnen. Wie viel Schmerzen hatten ihnen ihre eigenen Füße seit der Kindheit bereitet, wie mühsam war es, sich darauf fortzubewegen!

Seit vielen Generationen war es Sitte, die Füße der Frauen möglichst klein zu halten. Dazu wurden die Füße der Mädchen schon bald nach der Geburt fest eingebunden. Alle Frauen hatten deshalb verkrüppelte Füße. Und das sollte sich nun ändern! Die Frauen liefen schnell in die Nachbarhäuser und erklärten dort, was genau zu tun war. Als die Fußinspektorin schließlich kam, war der Befehl des Mandarins in den meisten Häusern schon ausgeführt.

Nicht immer kehrte die Fußinspektorin am Ende eines solchen Tages in ihr kleines Städtchen Yang Cheng zurück. Oft blieb sie in den Dörfern und übernachtete dort. Und diese Abende waren etwas Besonderes: Alle Dorfbewohner kamen zusammen. Sie wollten die neuen Lieder und Melodien hören, die die Fußinspektorin ihnen beibrachte. Und sie waren begeistert von ihren Geschichten, Geschichten von Jesus Christus. Hier schlug das Herz der kleinen, ausländischen Frau. Sie war Fußinspektorin des Mandarins. Aber eigentlich war sie Missionarin. Ihr Name war Gladys Aylward.

Wer war diese Frau?

Ein gutes Jahr wohnte Gladys nun in China und ihr Weg hierher war außergewöhnlich.

Sie war eigentlich keine besondere Frau. Durch ihr Äußeres fiel sie nicht weiter auf, sie war gerade mal 1,52 m groß und 90 Pfund schwer. Um die vorletzte Jahrhundertwende in England geboren, hatte Gladys keine besondere Schulbildung. Sie arbeitete als Stubenmädchen. Aber sie hatte einen besonderen Traum: Sie wollte als Missionarin nach China. Sie war fest davon überzeugt, dass Gott sie dort gebrauchen wollte. Allerdings: Der Missionsvorsteher der China-Inland-Mission in London war überhaupt nicht dieser

Meinung. Nach einer dreimonatigen Probezeit entließ er Gladys. Ihre theologischen Leistungen waren zu dürftig, und der Missionsvorsteher konnte sich nicht vorstellen, wie sie mit ihrer Bildung jemals die schwierige chinesische Sprache lernen sollte. Sie würde fast 30 sein, bis sie nach China käme, und nach seiner Meinung zum Chinesisch lernen viel zu alt!

Gladys war zunächst enttäuscht, aber sie hielt weiter an ihrem Plan fest. Sie arbeitete soviel sie konnte, um das Fahrgeld nach China zusammenzubekommen.

Als sie von einer älteren Missionarin in China hörte, die dringend eine Mitarbeiterin suchte, war sich Gladys sicher: Diese gesuchte Mitarbeiterin war sie selbst.

Doch ihre Geldmittel reichten nicht für die teure Schiffsreise. Sie nahm den Landweg über Russland mit der transsibirischen Eisenbahn. Eindringlich hatte sie der Mann vom Reisebüro vor dieser Route gewarnt: Am Ende der russischen Strecke herrschte Krieg und es war völlig unklar, ob Gladys von dort weiter nach China fahren konnte.

Es zeigte sich, dass der Mann vom Reisebüro Recht hatte. Es war ein Abenteuer, nicht ohne Gefahren, bis Gladys im Jahr 1930 schließlich doch über Russland und Japan nach China kam.

Die ältere Missionarin, Frau Lawson, wohnte abgelegen in den chinesischen Bergen, zwei Tagesreisen weit von der nächsten Missionsstation entfernt. Hier hatte sie außerhalb des kleinen Städtchens Yang Cheng vor wenigen Wochen ein altes Haus gemietet und versuchte es herzurichten. Ein alter chinesischer Koch unterstützte sie. Mit Gladys waren sie nun zu dritt.

Frau Lawson wohnte schon seit vielen Jahrzehnten in China und war mit Sprache und Sitten vertraut. Sie war eine starke Frau, sie brauchte die Herausforderung in der Wildnis der Berge.

Die ersten Monate in China waren für Gladys nicht leicht. Vieles war neu und ungewohnt, manches erschien ihr brutal und grausam. Doch langsam gewöhnte sie sich an das neue Land, und ihre Sprachkenntnisse machten Fortschritte.

Die beiden Frauen eröffneten eine Herberge für Maultiertreiber, die durch das kleine Städtchen kamen. Hier hatten sie einen Verdienst und die großartige Möglichkeit, abends in gemütlicher Runde den Maultiertreibern Geschichten aus der Bibel zu erzählen. Und Chinesen liebten Geschichten.

Etwa ein Jahr nach Gladys Ankunft starb Frau Lawson. Gladys stand nun vor der schweren Aufgabe, die Herberge zusammen mit dem Koch allein weiterzuführen.

In diese Zeit fiel der Besuch des Mandarins. Gladys hatte ihn bisher noch nicht persönlich kennen gelernt. Der Mandarin wohnte in einem Palast in der Stadt Yang Cheng. Er regierte als absoluter Herr über die Stadt und das Gebiet. Verantwortlich war er nur dem Gouverneur der Provinz. Der Mandarin war ein höflicher, gebildeter Mann, bekleidet mit prunkvollen, farbigen Seidengewändern. Gladys war erstaunt und aufgeregt, als der Mandarin in seiner Sänfte in den Hof der Herberge getragen wurde. Sie konnte sich nicht vorstellen, was er von ihr wollte: Der Mandarin von Yang Cheng suchte eine Fußinspektorin, eine Frau mit großen, unverkrüppelten Füßen. Gladys sollte mit ihren Beziehungen bei der Suche helfen. Wochen vergingen, über die Missionsstationen ließ Gladys in den verschiedensten Orten nachfragen und suchen. Niemand fand sich.

Als der Mandarin von der ergebnislosen Suche erfuhr, war er zunächst recht aufgebracht. Auch er hatte die Befehle der höheren Regierungsverwaltung zu erfüllen, und er brauchte dringend eine Frau für dieses Amt. »Dann müssen *Sie* eben Fußinspektorin werden«, befahl er Gladys. Sie versuchte sich zunächst zu wehren, aber dem Befehl des Mandarins durfte nicht widersprochen werden, auch nicht von einer englischen Missionarin. Plötzlich fiel Gladys auf, welche Möglichkeiten sich ihr durch dieses Amt boten. Sie würde unter dem Schutz des Mandarins in die entferntesten Gebiete kommen und viele Menschen erreichen. Deshalb willigte sie in die Forderung des Mandarins ein und stellte eine Bedingung: Sie wollte in den verschiedenen Dörfern nach Erledigung ihrer Amtsgeschäfte predigen und Geschichten aus der Bibel erzählen. Der Mandarin stimmte zu.

So wurde Gladys Fußinspektorin, und obwohl sie nur Schuhgröße 36 hatte, erschienen ihre Füße riesig im Vergleich zu denen der chinesischen Frauen. –

Jahre vergingen. Gladys hatte viel Arbeit und führte ein einfaches Leben. Aber es gefiel ihr. Sie liebte die Landschaft, die Berge, die Menschen. Nach einiger Zeit beherrschte sie fünf chinesische Dialekte perfekt – ganz entgegen der Prognose des Missionsdirektors in London. 1936 nahm sie die chinesische Staatsangehörigkeit an. Sie fühlte sich nun ganz als Chinesin.

Dann aber änderte sich ihr Leben mit dem Einfall der Japaner in China im Jahr 1937 dramatisch. Zunächst blieb die entfernte Berglandschaft um Yang Cheng vom Krieg verschont. Dann, im Frühjahr 1938, fielen die ersten Bomben und vernichteten einen großen Teil der Stadt und ihrer Bewohner. Von diesem Zeitpunkt an war Gladys wie viele ihrer chinesischen Landsleute auf der Flucht. Sie versteckten sich in den Bergen, bis die Gefahr vorbei war, und kehrten dann wieder für einige Zeit in ihre Häuser zurück. Beim nächsten Angriff mussten sie erneut flüchten. Gladys half, wo sie konnte. Sie half bei den Aufräumarbeiten und kümmerte sich um Verletzte. Oftmals führte sie dabei das Kommando.

Zu dieser Zeit befanden sich in der nächstgelegenen Missionsstation 200 Waisen- und Flüchtlingskinder. Die Situation war ernst, und der drohende Einmarsch der Japaner in die Station verhieß nichts Gutes. Deshalb sollten alle Kinder zu ihrer Sicherheit und ihrer besseren Versorgung in ein weit entferntes Lager für Kriegswaisen gebracht werden. Die erste Gruppe mit hundert Kindern wurde losgeschickt und kam ohne größere Probleme an. Inzwischen spitzte sich die politische Situation weiter zu. Der zweite Transport wurde vorbereitet. Gladys sollte die Gruppe führen. Doch dieses Mal musste ein anderer Weg genommen werden, der Weg über die Berge. Und so spielten die Füße im Leben der Gladys Aylward ein zweites Mal eine besondere Rolle. Sie hatte auch bisher schon viele Kilometer zu Fuß hinter sich gebracht. Nun aber stand ihr ein langer mühsamer Fußweg über die Berge bevor, auf abgelegenen Wegen und Saumpfaden, zwölf Tage lang mit hundert Kindern im Schlepptau, für die sie als einzige Erwachsene die Verantwortung tragen sollte. Für die ersten Tage hatte der Mandarin ihr Hirse mitgegeben, die von zwei Trägern transportiert wurde. Bald aber mussten die Träger umkehren, und das Getreide ging zu Ende. Sie hatten nichts mehr zu essen.

Mühsam kamen sie vorwärts. Die kleineren Kinder erholten sich immer wieder schnell von den Strapazen. Den älteren Mädchen aber fiel das Laufen schwer, ihre Füße waren in der Kindheit eingebunden worden und hatten Schäden davongetragen. Manchmal übernachteten sie in einem Dorf, dann wieder unter freiem Himmel. Manchmal gaben ihnen Bergbewohner zu essen, dann aber wieder schliefen sie mit leerem Magen.

Gladys war zu diesem Zeitpunkt bereits krank. Kurz vor Beginn des Transports war sie von Japanern mit einem Streifschuss getroffen worden. Nur notdürftig konnte sie ihre Wunde versorgen. Auch Auswirkungen von inneren Verletzungen, die sie sich zugezogen hatte, als ein japanischer Soldat sie niederschlug, machten ihr zu schaffen.

Es war ein langer Marsch mit vielen Entbehrungen und Enttäuschungen. Endlich konnten sie in einen Zug steigen, der sie weniger mühsam weiterbrachte. Doch nach viertägiger Fahrt folgte eine große Enttäuschung: Ein weiterer tagelanger Marsch durch die Berge stand der Gruppe bevor.

Weitere Eisenbahnfahrten folgten und nach vielen Wochen kam Gladys mit ihren Kindern im Waisenhaus an. Die Kinder waren in Sicherheit.

Gladys Zustand war zu diesem Zeitpunkt miserabel. Immer wieder wurde sie von bleierner Müdigkeit und großer Schwäche befallen. Schließlich brach sie mit hohem Fieber zusammen: Sie hatte Malaria. Später kam Typhus dazu.

Gladys erholte sich nur sehr langsam. Wochenlang wurde sie von einem Arzt und von fürsorglichen Schwestern gepflegt. Nach ihrer Genesung blieb sie noch einige Jahre in China. Dann kehrte sie für kurze Zeit nach England zurück. Am 3. Januar 1970 starb sie auf der chinesischen Insel Taiwan.

Erzählt nach: Alan Burgess, Eine unbegabte Frau, Gütersloher Verlagshaus 1976. Weitere Literaturhinweise s. unter 8.

Füße/Gedicht

b) Gedicht von Conrad Ferdinand Meyer: Die Füße im Feuer

Die Füße im Feuer

Wild zuckt der Blitz. In fahlem Lichte steht ein Turm.
Der Donner rollt. Ein Reiter kämpft mit seinem Roß,
Springt ab und pocht ans Tor und lärmt. Sein Mantel saust
Im Wind. Er hält den scheuen Fuchs am Zügel fest.
Ein schmales Gitterfenster schimmert goldenhell
Und knarrend öffnet jetzt das Tor ein Edelmann ...

»Ich bin ein Knecht des Königs, als Kurier geschickt
Nach Nîmes. Herbergt mich! Ihr kennt des Königs Rock!«
»Es stürmt. Mein Gast bist du. Dein Kleid, was kümmert's mich?
Tritt ein und wärme dich! Ich sorge für dein Tier!«
Der Reiter tritt in einen dunklen Ahnensaal,
Von eines weiten Herdes Feuer schwach erhellt,
Und je nach seines Flackerns launenhaftem Licht
Droht hier ein Hugenott im Harnisch, dort ein Weib,
Ein stolzes Edelweib aus braunem Ahnenbild ...
Der Reiter wirft sich in den Sessel vor dem Herd
Und starrt in den lebendgen Brand. Er brütet, gafft ...
Leis sträubt sich ihm das Haar. Er kennt den Herd, den Saal ...
Die Flamme zischt. Zwei Füße zucken in der Glut.

Den Abendtisch bestellt die greise Schaffnerin
Mit Linnen blendend weiß. Das Edelmägdlein hilft.
Ein Knabe trug den Krug mit Wein. Der Kinder Blick
Hangt schreckensstarr am Gast und hangt am Herd entsetzt ...
Die Flamme zischt. Zwei Füße zucken in der Glut.
»Verdammt! Dasselbe Wappen! Dieser selbe Saal!
Drei Jahre sind's ... Auf einer Hugenottenjagd ...
Ein fein, halsstarrig Weib ... Wo steckt der Junker? Sprich!«
Sie schweigt. »Bekenn!« Sie schweigt. »Gib ihn heraus!«
Sie schweigt.

Ich werde wild. Der Stolz! Ich zerre das Geschöpf ...
Die nackten Füße pack ich ihr und strecke sie
Tief mitten in die Glut ... »Gib ihn heraus!« Sie schweigt ...
Sie windet sich ... Sahst du das Wappen nicht am Tor?
Wer hieß dich hier zu Gaste gehen, dummer Narr?
Hat er nur einen Tropfen Bluts, erwürgt er dich.
Eintritt der Edelmann. »Du träumst! Zu Tische, Gast ...«

Da sitzen sie. Die drei in ihrer schwarzen Tracht
Und er. Doch keins der Kinder spricht das Tischgebet.
Ihn starren sie mit aufgerißnen Augen an –
Den Becher füllt und übergießt er, stürzt den Trunk,
Springt auf: »Herr, gebet jetzt mir meine Lagerstatt!
Müd bin ich wie ein Hund!« Ein Diener leuchtet ihm,
Doch auf der Schwelle wirft er einen Blick zurück
Und sieht den Knaben flüstern in des Vaters Ohr.
Dem Diener folgt er taumelnd in das Turmgemach.

Fest riegelt er die Tür. Er prüft Pistol und Schwert.
Gell pfeift der Sturm. Die Diele bebt. Die Decke stöhnt.
Die Treppe kracht ... Dröhnt hier ein Tritt? ... Schleicht dort ein Schritt? ...
Ihm täuscht das Ohr. Vorüberwandelt Mitternacht.
Auf seinen Lidern lastet Blei und schlummernd sinkt
Er auf das Lager. Draußen plätschert Regenflut.

Er träumt. »Gesteh!« Sie schweigt. »Gib ihn heraus!« Sie schweigt.
Er zerrt das Weib. Zwei Füße zucken in der Glut.
Aufsprüht und zischt ein Feuermeer, das ihn verschlingt.
»Erwach! Du solltest längst von hinnen sein! Es tagt!«
Durch die Tapetentür in das Gemach gelangt,
Vor seinem Lager steht des Schlosses Herr – ergraut,
Dem gestern dunkelbraun sich noch gekraust das Haar.

Sie reiten durch den Wald. Kein Lüftchen regt sich heut.
Zersplittert liegen Ästetrümmer quer im Pfad.

Füße/Gedicht 27

Die frühsten Vöglein zwitschern, halb im Traume noch.
Friedsel'ge Wolken schwimmen durch die klare Luft,
Als kehrten Engel heim von einer nächtgen Wacht.
Die dunkeln Schollen atmen kräftgen Erdgeruch.
Die Ebne öffnet sich. Im Felde geht ein Pflug.
Der Reiter lauert aus den Augenwinkeln: »Herr,
Ihr seid ein kluger Mann und voll Besonnenheit
Und wißt, daß ich dem größten König eigen bin.
Lebt wohl. Auf Nimmerwiedersehn!« Der andre spricht:
»Du sagst's! Dem größten König eigen! Heute ward
Sein Dienst mir schwer ... Gemordet hast du teuflisch mir
Mein Weib! Und lebst! ... Mein ist die Rache, redet Gott.«

c) *Aphorismus*

Ich war traurig,
weil ich keine Schuhe hatte.

Da sah ich einen Mann,
der hatte keine Füße.

d) *Gedicht von M. Fishback Powers: Spuren im Sand*

Ich träumte eines Nachts, ich ging am Meer entlang mit meinem Herrn.

Und es entstand vor meinen Augen, Streiflichtern gleich, mein Leben.

Nachdem das letzte Bild an uns vorbeigeglitten war, sah ich zurück und stellte fest, dass in den schwersten Zeiten meines Lebens nur eine Spur zu sehen war.

Das verwirrte mich sehr, und ich wandte mich an den Herrn:

»Als ich dir damals alles, was ich hatte, übergab, um dir zu folgen, da sagtest du, du würdest immer bei mir sein.

Warum hast du mich verlassen, als ich dich so verzweifelt brauchte?«

Der Herr nahm meine Hand:
»Geliebtes Kind, nie ließ ich dich allein, schon gar nicht in Zeiten der Angst und Not.

Wo du nur ein Paar Spuren in dem Sand erkennst, sei ganz gewiss: Ich habe dich getragen.«

Aus: Margot Fishbach Powers, Spuren im Sand, Brunnen Verlag, Gießen 1996

e) Die Geschichte von Achilles und seiner Ferse

Ein verwundbarer Held

»Das ist seine Achillesferse.« Wer so etwas sagt, meint damit die Schwachstelle, den verwundbaren Punkt eines Menschen. Wie tröstlich, dass der Held des Trojanischen Krieges, der scheinbar Unbesiegbare, mit solch einer menschlichen Schwäche behaftet war! Seine Mutter Thetis hatte den kleinen Achill unverwundbar und unsterblich machen wollen durch ein Bad im Wasser des Styx, dieses Grenzflusses zwischen Welt und Unterwelt. Sie fasste den Kleinen an der Ferse und tauchte ihn ein. Aber dort, wo sie seinen Fuß umfasst hatte, konnte das Wunderwasser den Körper nicht benetzen. So war das schlimme Ende bereits beschlossen, das nach vielen bestandenen Abenteuern, nach zahlreichen Heldentaten und einem Leben voller Kampf und List und Sieg und Mut kommen musste.

Achill trat in den Apollotempel, sein Widersacher Paris hatte sich hinter einer Bildsäule versteckt, zielte genau und schoss dem Unverwundbaren einen tödlichen Pfeil in die Ferse. Siebzehn Tage lang haben ihn die Griechen beweint. Unsterblich ist er dennoch geworden, dank seines anfälligen Fußes. Paris übrigens ebenfalls. Aber nicht etwa durch das feige Attentat, sondern durch sein berühmtes amouröses Urteil.

Der junge Achill war im übrigen nicht einseitig. Man hatte ihn im Kriegshandwerk unterwiesen, aber auch »in allen einem Helden anständigen Künsten, so Medizin, Musik und Poesie«, so dass jemand, der Achillesverse – mit v statt mit f – schreibt, so unrecht vielleicht gar nicht hat.

Aus: Roger Rössing, Wie der Hering zu Bismarcks Namen kam, Komet MA-Service und Verlagsgesellschaft mbH

f) *Erzählung von Pfarrer Wilhelm Busch: Wer putzt Gott die Schuhe?*

Ein amerikanischer Freund erzählte uns eine hübsche Geschichte, die es wert ist, dass man sie weitergibt.

»Ich habe eine kleine Tochter«, berichtete er. Das kleine Mädchen ist in dem Alter, in dem Kinder ihren Eltern die Seele aus dem Leibe fragen. Und man kann wirklich in Verlegenheit geraten, wenn da zuweilen so wunderliche Fragen auftauchen.

Kürzlich war das kleine Mädchen sehr beschäftigt damit, der Mutter im Haushalt zu helfen. Schließlich trug die Mutter ihm an: »Nun kannst du noch Vaters Schuhe putzen!«

Das war dem Kinde nicht gerade sehr lieb. Aber gehorsam machte es sich ans Werk.

Eine Zeit lang war es still beschäftigt. Man merkte ihm an, dass ernste Fragen in dem Köpfchen rumorten. Und dann kam es!

Der Vater trat ins Zimmer. Aber ehe er noch seine fleißige Tochter loben konnte, wurde er mit der Frage in Erstaunen versetzt: »Papi, wer putzt eigentlich dem lieben Gott die Schuhe?«

Der Vater war verdutzt. Er konnte sich nicht erinnern, dass irgendein Theologe Maßgebliches zu dieser wichtigen Frage gesagt hätte. Ja, es fiel ihm auch keine Stelle der Bibel ein, die darüber Auskunft geben konnte.

So meinte er nur: »Nun, es wird schon irgendein Engel damit beauftragt sein, dem das eine Ehre ist.«

Und dann war der Vater glücklich, dass seine Tochter sich mit dieser Antwort zufrieden gab.

Einige Tage später las der Vater still für sich im Neuen Testament. Auf einmal fuhr er auf, rannte aus dem Zimmer und rief aufgeregt nach seinem Kind.

Erschrocken kamen Tochter und Mutter gestürzt: »Was gibt's denn?!?«

»Du hast mich«, wandte sich der Vater an das Kind, »doch kürzlich gefragt, wer Gott die Schuhe putzt. Nun denke nur, gerade lese ich in der Bibel, dass es darum gar nicht geht: Da steht nämlich, dass Gott *uns* die Schuhe putzt.«

Die Mutter schüttelte den Kopf: »Was sprichst du denn da für einen Unsinn! Gott putzt *uns* die Schuhe?«

»Ja«, erklärte der Vater, »hört nur! Hier in der Bibel heißt es: ›... danach hob Jesus an, den Jüngern die Füße zu waschen und trocknete sie mit dem Schurz, damit er umgürtet war ...‹« Er unterbrach das Lesen: »Das seht ihr doch ein, dass das Füßewaschen im Morgenland dasselbe war wie bei uns das Schuheputzen. Nun hört weiter!« Er las die ganze Geschichte, wie sie der Apostel Johannes im 13. Kapitel seines Evangeliums berichtet.

Erstaunt hörten die Mutter und das Kind zu. Und es ging allen Dreien auf, wie tief sich der lebendige Gott in Jesus herabgelassen hat. »Er entäußerte sich selbst und nahm Knechtsgestalt an ...«, sagt die Bibel an einer anderen Stelle. Und das ist anbetungswürdig!

Aus: Wilhelm Busch, Variationen über ein Thema, Erzählungen 3. Folge, Quell Verlag, 13. Auflage 1975

g) *Ein Gedicht geht um die Welt: Die Entstehung von »Spuren im Sand«*

Margaret Fishback Powers' Füße sind nicht besonders groß, denn sie ist eine wirklich kleine Person. Und doch hat sie eines der bekanntesten und bewegendsten Gedichte der letzten Jahrzehnte zu diesem Thema verfasst. Es ist das Gedicht »Spuren im Sand«. Viele Menschen haben dieses Gedicht gelesen und es wurde ihnen zum Trost und zur Lebenshilfe. Wer aber ist die Frau, die diese nachdenklichen Verse formulierte, und wie kam es zu diesem Gedicht?

Margaret Fishback Powers lebt in Kanada. Die Vorfahren ihrer Mutter stammen aus Schottland. Die Eltern des Vaters dagegen kamen aus Deutschland. Hierher weist auch der Name Fishback, »Fischbach«. Margaret wurde Anfang der Vierziger Jahre geboren und wuchs mit drei Brüdern und zwei Schwestern auf. Schon früh war Margaret dichterisch und musikalisch begabt. Sie spielte gut Klavier und komponierte auch. Mit 18 wurde sie Missionslehrerin in Quebec und unterrichtete französische, englische und indianische Kinder. In dieser Zeit, im Mai 1963, hatte sie ein schreckliches Erlebnis, das noch viele Jahre nachwirkte.

Margaret unterrichtete gerade in der Schule, als ein schrecklicher Gewittersturm tobte. Wie immer in diesen Fällen wurden alle Fenster auf ihre Anordnung geschlossen. Nur einen Spalt weit öffnete ein Schüler ein Fenster, um frische Luft zu bekommen. Da geschah es: Ein Blitz fuhr durch das geöffnete Fenster und warf Margaret zu Boden. Zunächst begriff sie die Tragweite des Geschehens nicht. Sie versuchte den Unterricht fortzusetzen. Auch die folgenden Tage quälte sie sich durch die Arbeit, obwohl ihre Schmerzen immer unerträglicher wurden und sie sich richtig krank fühlte. Am Ende der Woche schließlich brachte eine Freundin sie ins Krankenhaus. Margarets Zustand war viel schlimmer, als bisher angenommen. Wochenlang musste sie im Krankenhaus bleiben. Als sie entlassen wurde, war es keineswegs sicher, ob sie jemals wieder würde richtig arbeiten können. Aus diesem Grund weigerte sich auch ihre Schule, den Arbeitsvertrag zu verlängern. So zog Margaret mit 21 wieder auf die heimatliche Farm ihrer Eltern. Dort erholte sie sich allmählich. –

Einige Zeit später nahm Margarets Leben eine wichtige Wende. Sie lernte Paul Powers kennen. Der 25-jährige Paul war ein Bekannter von Margarets Bruder. Er arbeitete für den Filmdienst einer Buchhandlung in Toronto und hatte ein bewegtes Leben hinter sich. Mit sieben Jahren starb seine Mutter, er wurde durch den betrunkenen Vater misshandelt. Er landete in Erziehungsheimen und schließlich im Gefängnis. Pauls Leben änderte sich grundlegend, als er Christen begegnete und selbst Christ wurde. Später arbeitete er bei der Organisation »Jugend für Christus«.

Margaret und Paul kamen sich schnell näher. Sie verstanden sich gut und bemerkten auch in Glaubensfragen eine große Harmonie.

Sie hatten sich erst wenige Male gesehen, aber in einem intensiven Briefwechsel schon viel voneinander kennen gelernt, als Paul 200 km von Toronto entfernt Vorträge halten sollte. Er lud Margaret ein, ihn zu begleiten. Als Paul Margaret abholte, überraschte er sie mit dem Geschenk eines Ringes, eines Verlobungsringes. Margaret war völlig überrascht und keineswegs gleich begeistert. Sie wollte, dass ihre Eltern gefragt wurden. Und sie hatte Sorgen, dass ihre Eltern Paul nicht akzeptieren würden, wenn sie von seiner kriminellen Vergangenheit erfuhren. Außerdem waren ihre finanziellen Verhältnisse im Blick auf eine Heirat nicht gerade rosig. Margarets Herz war voller Fragen und Sorgen, als sie sich auf den Weg zu dem Vortragsort machten. An einem See machten sie Halt, um spazieren zu gehen.

Es war ein wunderschöner Herbsttag. Übermütig rannten die beiden zum Wasser und zogen Strümpfe und Schuhe aus. Der warme Sand rieselte durch ihre Zehen. Doch die Gedanken der beiden kreisten um ihre Hochzeit. Sie schmiedeten Pläne, aber da war auch die große Sorge: Wie würden Margarets Eltern die Nachricht aufnehmen? Irgendwann schaute Paul auf die Uhr. Es war Zeit zurückzukehren. Die Wellen hatten inzwischen ihre Fußspuren vom Hinweg größtenteils verwischt. Nur eine Spur war übrig geblieben. Angst stieg in Margaret hoch. »Vielleicht ist es mit uns ja auch so wie mit diesen Fußspuren – vielleicht werden unsere Träume ebenso weggewischt ...«, sagte sie zu Paul. Doch Paul protestierte heftig. Er hatte einen ganz anderen Gedanken: Für ihn war diese Fußspur ein Zeichen ihrer Ehe: Sie würden eins sein. Und wie das Wasser die Spur veränderte und umspülte, so könnten auch in ihrer Ehe einmal unruhige Zeiten kommen. Doch Margarets Sorgen ließen sich nicht so leicht verscheuchen. Was wäre, wenn sie mit diesen Schwierigkeiten dann nicht fertig werden würden? Paul seufzte und schwieg einen Moment. »Margie«, sagte er, »wenn es mal

Füße/Erzählung

ganz schwierig wird und wir nicht mehr ein noch aus wissen, dann wird Gott uns tragen, wenn wir ihm vertrauen.« Margaret war tief beeindruckt von diesem Gedanken.

In dieser Nacht konnte Margaret nicht einschlafen. Zu viele Gedanken gingen ihr im Kopf herum. Schließlich griff sie nach Kugelschreiber, Notizbuch und Taschenlampe. Ihre Gedanken nahmen Gestalt an, sprudelten aus ihr heraus und füllten das vor ihr liegende Blatt. Bis drei Uhr morgens schrieb Margaret. Dann schlief sie ein. Als sie am nächsten Morgen aufwachte, griff sie zu ihrem Notizbuch und las ihre Worte erneut durch. Und da fiel ihr auch der passende Titel ein. Ihr Gedicht würde heißen: »Eines Nachts hatte ich einen Traum ...«

In dieser Nacht also, nach dem Spaziergang am Strand, war das bekannte Gedicht entstanden. Später trug es auch oft den Namen »Spuren im Sand«. *(Ganzes Gedicht vorlesen, s. Abschnitt 4d).*

Am 10. 7. 1965 heirateten Margaret und Paul. Etwa drei Jahre später kam ihre erste Tochter Christina zur Welt, nach weiteren drei Jahren ihre Tochter Paula. Margaret und Paul waren die Jahre danach hauptsächlich in der christlichen Kinderarbeit tätig. Sie hielten Kinderbibelwochen, Sommercamps und Kinderfreizeiten. Viele weitere Gedichte entstanden, ebenso Lieder für ihre Arbeit. Sie waren Margarets großer Schatz.

Im Juli 1980 zogen Margaret und Paul von Toronto nach Vancouver. Kisten wurden gepackt und in Lastwagen verstaut. Auch die Kiste mit Margarets Gedichten und Liedern war dabei. Sie hatte große Bedenken, ob die Kiste auch sicher in Vancouver ankommen würde. Am liebsten hätte sie alles in ihrem eigenen Auto untergebracht.

Nach einem längeren Urlaub begann das große Auspacken in Vancouver. Eine Kiste nach der anderen leerte sich. Margarets Unruhe stieg: Die Kiste mit ihren Gedichten und Liedern fehlte, zusammen mit fünf weiteren Kisten. Sie waren verschwunden. Auch intensive Nachforschungen bei der Umzugsfirma halfen nichts. Die Originale von Margarets Liedern und Gedichten waren verloren. Auch das Original von »Eines Nachts hatte ich einen Traum«. Margaret war zutiefst getroffen. Auch Paul tat der Verlust sehr

Leid, aber er konnte Margarets große Verzweiflung und ihre Wut nur schwer nachempfinden.

Drei Jahre später besuchten Margaret und Paul auf einer Reise eine christliche Buchhandlung. Sie trauten ihren Augen nicht: Dort gab es Karten zu kaufen mit dem Gedicht »Spuren im Sand«. Und es waren Name und Adresse der Verfasserin angegeben. Aber es war nicht Margarets Name. Jemand anderes hatte sich als Autorin ausgegeben. Auch andere Gedichte von Margaret gab es in dieser Buchhandlung zu kaufen – und bei allen war die falsche Verfasserin angegeben. Ab diesem Tag entdeckten Margaret und Paul an den verschiedensten Orten das Gedicht »Spuren im Sand«. In unterschiedlicher Aufmachung, mit kleineren Abweichungen, mal anonym, mal mit einer falschen Verfasserangabe. Margaret war geschockt. Fremde Menschen verdienten jede Menge Geld mit ihren Gedichten. Und sie selbst konnte ihre Verfasserschaft nicht beweisen, denn ihre Unterlagen waren verloren gegangen. Schließlich beauftragte Margaret einen Rechtsanwalt zur Wahrnehmung ihrer Rechte. Eine zermürbende Zeit begann, und der Erfolg ließ auf sich warten.

Dann bekam Margaret einen entscheidenden Tipp von ihrer Mutter: In ihrem Hochzeitsalbum hatte Margaret das Gedicht »Eines Nachts hatte ich einen Traum« aufgeschrieben und konnte nun endlich ihre Verfasserschaft beweisen. In den sieben Jahren, seit die Kiste mit ihren Gedichten verloren gegangen war, hatte sich Margaret stark verändert. Nun aber konnte sie endlich ihre Rechte einklagen! Doch auch andere Gedanken arbeiteten in Margaret. Sie erkannte, wie sehr die Verbitterung ihr Leben bestimmte. Sie wollte wieder zu innerem Frieden gelangen, sie wollte frei und glücklich werden. Doch wie sollte sie sich im Blick auf die Rechtsfragen verhalten? Sollte sie auf einen Prozess verzichten – gerade jetzt, so kurz vor einem möglichen Erfolg? Margaret suchte Rat bei einem langjährigen Freund. Er wies sie auf ihre Arbeit und die Menschen hin, mit denen Paul und Margaret zu tun hatten. Und dann hatte dieses Gedicht so vielen Menschen geholfen. Wie würde sich dieser Rechtsstreit auf das alles auswirken? Und was sagte Gott dazu?

Zum Schluss forderte der Freund Margaret auf: »Geh nach Hause, schreibe dir alles vom Herzen, und nenne das Gedicht: ›Überlass es Gott‹.«

In dieser Nacht dichtete Margaret das erste Mal seit sieben Jahren wieder. Die Verse flossen aus ihrer Feder und gleichzeitig wurde ihr Herz leicht. Nun war sie sich sicher, dass es die richtige Entscheidung war. Sie würde auf einen Prozess verzichten. In einem abschließenden Brief forderte Margaret alle, zu denen sie bisher wegen der Urheberrechte Kontakt aufgenommen hatte, auf, bei weiteren Veröffentlichungen ihren Namen als Autorin zu nennen. Gleichzeitig teilte sie mit, dass sie auf einen Prozess verzichten würde.

Bald darauf erhielt Margaret Anfragen von Verlagen, die die Rechte an den »Spuren im Sand« erwerben wollten.

Margaret hatte wieder inneren Frieden gefunden. Und ihr Gedicht hinterlässt bis heute eine Segensspur auf der ganzen Welt.

Erzählt nach: Margaret Fishback Powers, Spuren im Sand, Brunnen Verlag, Gießen 1996

5. Unterhaltsames

a) *Sketch: Im Kaufhaus*

In der Schuhabteilung

Personen: eine überspannte Mutter, ihr vorlauter, quengeliger Sohn, eine strapazierte Schuhverkäuferin.
Spielanleitung: Auf der Bühne sind einige Schuhregale aufgestellt, davor einige Stühle und Anprobierhocker.

Mutter:	Ich hätte gerne ein Paar elegante Damenschuhe.
Verkäuferin:	Welche Größe bitte?
Mutter:	Größe 39.
Verkäuferin:	Gut, ich bringe Ihnen einige zum Anprobieren!

Fritzi:	Mama, mir ist so langweilig!
Mutter:	Fritzi, bitte gedulde dich noch ein wenig!
Verkäuferin:	*(bringt einen Stapel Schuhschachteln)* So, da habe ich gerade eine gute Auswahl für Sie!
Fritzi:	*(zur Verkäuferin)* Die ersten zehn Paare brauchen Sie erst gar nicht zu zeigen.
Verkäuferin:	Sooo?!
Mutter:	*(mahnend)* Fritzi!
Fritzi:	Die nimmt Mami doch nicht!
Mutter:	*(schaut Fritzi mit einem bösen Blick an)*
Verkäuferin:	*(zeigt mehrere Paare)* Hier hätte ich ein äußerst elegantes Paar!
Mutter:	Nein, die gefallen mir überhaupt nicht! Was fällt Ihnen ein?
Verkäuferin:	Dieser Schuh ist wunderschön und äußerst preisgünstig!
Mutter:	*(sehr überheblich)* Nein, so was Billiges trage ich nicht! Da muss man sich ja schämen!
Fritzi:	Mama, mir ist so langweilig!
Verkäuferin:	Dann hätte ich hier einen strapazierfähigen, aber sehr hübschen Schuh!
Mutter:	Nnnnein, der ist mir *zu* altbacken!
Fritzi:	Mami, mir ist sooo langweilig!
Verkäuferin:	Dieser Schuh ist jetzt sehr modern und wird im Augenblick sehr gerne gekauft!
Mutter:	Nnnnein, was andere Leute tragen, mag ich nicht!
Fritzi:	Mami, gehen wir jetzt?
Verkäuferin:	Und hier hätte ich einen sehr saloppen, aparten Schuh. *(schaut auf das Firmenzeichen)* Dieser wunderschöne Schuh kommt aus Italien!
Mutter:	*(entrüstet)* Was? Na ja! So ein Glumpert kann doch nur aus Italien kommen! Sie! Der Schuh ist eine Zumutung!
Fritzi:	*(zur Verkäuferin)* Fräulein, bringen Sie noch mal zehn Schuhkartons?
Mutter:	Fritzilein, sei doch nicht so frech!

Füße/Lied

Verkäuferin:	*(schnauft hörbar auf, etwas ungeduldig)* Was wollen Sie denn nun eigentlich für einen Schuh?
Mutter:	*(greift nach einem Schuh, der gerade in der Nähe steht)* Na endlich! *(nimmt einen Schuh in die Hand)* Der Schuh gefällt mir! *(probiert ihn an)* Sehen Sie! Der passt ja ausgezeichnet! *(geht damit auf und ab)*
Verkäuferin:	*(resigniert)* Die hatten Sie auch an, als Sie kamen!

Aus: Franz X. Riedl, Handbuch Sketsche, pb Verlag, Puchheim 2000

Hinweis: Dieser Sketsch lässt sich auch gut ohne »Fritzi« spielen.

b) Lied mit Bewegungen

Kanon: Lobe den Herrn, meine Seele (aus: Fontäne in blau Nr. 245)

Text: Norbert Kissel (nach Psalm 103); Melodie: Norbert Kissel
Rechte: Hänssler Verlag, D-71087 Holzgerlingen

Bei dem Thema »Füße« muss natürlich auch etwas mit den Füßen gemacht werden. Deshalb ist dieses Bewegungslied nicht im Sitzen, sondern stehend im Kreis zu tanzen.

Die Frauen bilden einen Kreis und fassen sich an den Händen. Mit dem gemeinsamen Singen beginnen auch die Bewegungen. Die Hände bleiben während des ganzen Liedes angefasst.

Lobe den Herrn, meine Seele, und seinen heiligen Namen.
Es werden 8 Schritte im Kreis nach rechts gegangen.

Was er dir Gutes getan hat, Seele, vergiss es nicht, Amen.
Es werden 8 Schritte in die Gegenrichtung, also nach links, gemacht.

Lobe, lobe den Herrn,
Es werden 4 Schritte auf die Mitte zu gemacht.

lobe den Herrn, meine, Seele.
Es werden 2 Wiegeschritte gemacht. Wiegeschritte sind Schritte, die man am gleichen Platz stehend ausführt, d.h. zunächst wird der rechte Fuß belastet, dann der linke Fuß, dies entspricht einem Wiegeschritt. Der Oberkörper wiegt sich dabei in die entsprechende Richtung mit. Bei diesem Versabschnitt wird also zunächst rechts belastet, dann links, dann wieder rechts und nochmals links.

Lobe, lobe den Herrn,
Es werden 4 Schritte rückwärts aus der Mitte heraus gemacht. Der Rücken zeigt dabei nach außen.

lobe den Herrn, meine Seele.
Es werden wiederum 2 Wiegeschritte gemacht.

Variante für geübtere Tänzerinnen: Bilden Sie 2 ineinanderliegende Kreise (d.h. einen inneren Kreis und darum herum einen äußeren Kreis) und singen Sie das Lied als Kanon. Der äußere Kreis beginnt mit dem Singen und mit den entsprechenden Bewegungen.

Füße/Rätsel

Dann stimmt als 2. Gruppe der innere Kreis an und beginnt ebenfalls mit den Bewegungen. Beide Gruppen beginnen mit den Schritten nach rechts.

Bewegungen: Vera Kern

c) Rätsel- und Scherzfragen

1. Welche Missionarin wurde von der Regierung als Fußinspektorin angestellt?
   Gladys Aylward, China

2. Nach welcher Begebenheit fand vermutlich die größte Schuhputzaktion aller Zeiten statt?
   Nach dem Durchzug des Volkes Israel durchs Schilfmeer.

3. Was macht 999mal klick und 1mal klack?
   Tausendfüßler mit Holzfuß

4. Von wem stammt das bekannte Gedicht »Füße im Feuer«?
   Conrad Ferdinand Meyer

5. In welcher biblischen Geschichte standen zwei Schuhe einsam in der Wüste?
   Berufung des Mose

6. Warum hebt der Storch ein Bein, wenn er sich ausruhen will?
   Wenn er beide Beine heben würde, fiele er um.

7. Wer hinterließ den ersten Fußabdruck auf dem Mond?
   Neil Armstrong

8. Welches bekannte Wort vom Schuh stammt von Johannes dem Täufer?
   »Es kommt einer nach mir, der ist stärker als ich, und ich bin nicht wert, dass ich mich vor ihm bücke und die Riemen seiner Schuhe löse« (Mk. 1,7).

9. Welche Schuhe zerreißen nie an Füßen?
   Handschuhe

10. Wem wurde sein vergessener Schuh zum großen Glück?
    Aschenputtel

11. Bei welcher biblischen Geschichte legten Männer ihre Kleider zu Füßen eines Jünglings ab?
    Steinigung des Stephanus, der Jüngling war Paulus.

12. Welcher Politiker schlug einmal mit seinem Schuh auf den Tisch?
    Chruschtschow

13. Wie viele Füße hat eine Kuh?
    Acht: zwei vorne, zwei hinten, zwei links, zwei rechts

14. Was heißt »Pediküre«?
    Fußpflege

15. Wer war in der letzten Fußballsaison Deutscher Meister?
    2000/2001: Bayern München

16. Wer ist das: »Ich habe keine Füße, und geh doch auf und ab. Ich beiß mich immer tiefer rein, bis ich mich durchgebissen hab«?
    Antwort: Säge

Weitere Idee: Im Kapitel »Winter« (Abschnitt 5) findet sich ein Rätsel mit Fußspuren, das ebenfalls gut zum Thema »Füße« passt.

d) Spiele

1. »Reise nach Jerusalem«
   Beim Thema »Füße« muss man natürlich auch etwas mit den Füßen machen. Bei der »Reise nach Jerusalem« werden in einer langen Doppelreihe Stühle aufgestellt, jeweils mit dem Rücken gegeneinander. Insgesamt ist es ein Stuhl weniger, als Frauen mitspielen. Die Frauen stellen sich nun entlang der Stühle auf. Musik (live oder aus der Konserve) setzt ein. Hört die Musik auf, muss sich jede Frau so schnell wie möglich setzen. Eine

Füße/Spiele

Frau findet keinen Platz und scheidet aus. Dann wird eine Stuhl weggenommen und die Musik spielt erneut usw. Am Ende bleibt eine Frau als Siegerin übrig.
Probieren Sie es einfach einmal aus. Ich habe es in einem Frauenkreis mit älteren Frauen gemacht und muss sagen: Noch nie war dieses Spiel so lustig und haben die Teilnehmer so gelacht wie in diesem Kreis.
Die Gewinnerin bekommt eine Packung Fußbalsam, weil sie so viel laufen musste.

2. Eine weitere Möglichkeit, seine Füße zu benutzen: Machen Sie eine Polonaise durch den Raum oder durch das Haus.

3. Legen Sie einen »Fühlweg« durch den Garten an: über Steine, Rasen, Sand, Erde, Kies, Rindenmulch, durch kaltes und warmes Wasser. Führen Sie die einzelnen Frauen mit verbundenen Augen über diesen Weg und lassen Sie sie den unterschiedlichen Untergrund intensiv fühlen.
Es gibt solche Wege auch in größerem Stil angelegt – ein Ausflug lohnt sich! (Adressen s. unter 8)

4. Laden Sie eine Fußpflegerin ein, die von ihrer Arbeit berichtet.

5. Haben Sie noch einen Schuhmacher am Ort und kann er gut erzählen? Dann laden Sie ihn einmal ein, über seine »Schuhgeschichten« zu erzählen.

e) Preise

– gestrickte Socken
– Fußbad
– Fußbalsam
– Schuhcreme
– Schnürsenkel
– Postkarte »Spuren im Sand«

6. Gestaltungsideen

- Schenken Sie jeder Frau eine Karte mit dem Gedicht »Spuren im Sand«.
- Backen Sie »Käsfüßle« oder süße Füßchen aus Hefeteig. Backformen gibt es in Haushaltgeschäften. Oder man bestellt sie bei SE Creativ (Adresse s.u.). Dort gibt es auch Servietten mit Fußmotiv.

Käsfüßle aus Käsemürbeteig

Zutaten:
250 g Mehl
1 gestr. TL Backpulver
1 Prise Salz
1 Messerspitze Paprika edelsüß
1 Ei
125 ml Sahne
125 g kalte Butter
200g Gouda oder Emmentaler gerieben

Alle Zutaten zu einem Knetteig verarbeiten, 15 Min. kaltstellen. Teig ½ cm dick ausrollen, Füße ausstechen und mit Eigelb bestreichen. Mit Sesam, Mohn, Kümmel usw. verzieren. Bei 180 °C ca. 12-15 Min. backen.

7. Vorschlag für den Stundenablauf

1. Lied: JN (»Jesu Name«) III 815: Du stellst meine Füße auf weiten Raum
2. Kurze Einführung ins Thema
3. Andacht zur Geschichte der Fußwaschung
4. Lied: EG (»Evangelisches Gesangbuch«) 123: Jesus Christus herrscht als König
5. Austausch: Was fällt uns zum Thema »Füße« alles ein?

6. Wer ist heute Nachmittag der »Schnürsenkelsieger«? Wer den längsten Schnürsenkel hat, bekommt zur Belohnung ein Paar neue Schnürsenkel. (Genügend Zeit lassen zum Heraus- und Wieder-Einziehen der Schnürsenkel.)

7. Rätsel

8. Kaffeetrinken

9. Spiel: Reise nach Jerusalem

10. Geschichte vorlesen: Wie entstand das Gedicht »Spuren im Sand«?

11. Lied: nochmals JN III 815: Du stellst meine Füße auf weiten Raum

8. Literatur und Adressen

Literatur:

Margaret Fishback Powers, Spuren im Sand, Brunnen Verlag, Gießen 1999

Christine Hunter, Gladys Aylward, Hänssler Verlag, Holzgerlingen

Alan Burgess, Die Herberge zur sechsten Glückseligkeit, Brunnen Verlag, Gießen 1999

Video:

Video »Die Herberge zur 6. Glückseligkeit«, Brunnen Verlag, Gießen

Adressen:

Barfußpark Hallwangen, Tourist Information, Marktplatz 2, 72280 Dornstetten, Tel. 0 74 43/96 20 30. – Internet: www.barfusspark.de

Barfuß Wanderwege, Kur-Tourismusinformation, Bahnhofstr. 4, 55566 Bad Sobernheim, Tel. 0 67 51/81 24.
Internet: www.hunsrueck.com/freizeit/seite323.htm

Barfußgang, Stift Tilbeck, Tilbeck 2, 48329 Tilbeck, Tel. 0 25 07/9 81-0.
Internet: www.barfussgang.de

Barfußwanderweg Waldhölzbach, Merziger Str. 3, 66679 Losheim am See, Tel. 0 68 72/6 09-0. – Internet: www.saarland-plus.de/saarland/losheim/barfusswandern.htm

Adresse für die Backformen: SE-Creativ, Wagnerstr. 2, 73262 Reichenbach, Tel. 0 71 53/5 85 59 oder Tel. und Fax 0 71 53/5 48 44

Nadel, Faden, Fingerhut –
Plaudereien rund ums Nähkästchen

1. Das Thema

Flicken und Nähen sind Frauen der älteren Generation vertraute Tätigkeiten. Viele erinnern sich noch an die »schlechte Zeit« während des Krieges und danach, in denen ganz selbstverständlich immer wieder geflickt wurde oder aus alten Kleidern Neues geschneidert wurde.

Dieses Kapitel beschäftigt sich mit dieser alltäglichen Tätigkeit einmal von der humorvollen Seite.

2. Assoziationen

a) Stichworte und Redewendungen

Stichworte:
Stecknadeln, Nähnadeln, Stopfnadeln, Sticknadeln, Ledernadeln, Nadeln für Nähmaschine, Sicherheitsnadel, Einfädler, Nähfaden, Spinnfaden, Bindfaden, Stopfgarn, Zwirn, Stopfei, Hosengummi, Aufbügelflicken, Schere, Auftrenner, alle Arten von Knöpfen, Reißverschluss, Fingerhut, Nähkästchen, Metermaß, Nadelkissen, Kurzwaren

Sticken, Flicken, Nähen, Auftrennen, Fadenschlagen, Heften, Hexenstich, Zierstiche

Redewendungen:
- aus dem Nähkästchen plaudern
- der Knopf ist ab = das Spiel ist aus
- Aufschneider = Angeber

- eine Sache steht Spitz auf Knopf
- der Faden ist ab
- da beißt die Maus keinen Faden ab
- etwas hängt am seidenen Faden
- den Faden verlieren
- der rote Faden
- jemand hängt an der Nadel (ist drogenabhängig)
- etwas ist fadenscheinig
- verflixt und zugenäht
- doppelt genäht, hält besser
- jemand gibt sich zugeknöpft
- es regnet Bindfäden
- eine Stecknadel im Heuhaufen suchen

Weitere Assoziationen:
- Einfädeln beim Autofahren (»Reißverschlusssystem«)
- Knopf im Ohr (Erkennungszeichen der Stofftiere von Steiff; auch für das Tragen eines Walkmans)
- Laufmasche
- Käse zieht Fäden
- Seemannssprache: 1 Faden Tiefe
- Fadenlauf
- Ariadnefaden
- Nadelstreifenanzug
- Silberfaden im Geldschein
- Faden der Spinne
- Tannennadeln
- Nähmaschinen (Singer, Pfaff, Husqvarna ...)

b) *Worte aus der Bibel*

Biblische Stellen:
1. Mo. 14,23: Abraham schwört dem König von Sodom, nichts von dessen Eigentum wegzunehmen, weder einen Faden noch einen Schuhriemen.

1. Mo. 38,28: Geburt der Zwillinge Perez und Serach: Die Hebamme legte einen roten Faden um das Händchen, das zuerst herauskam. Doch diese Hand wurde wieder zurückgezogen, und das Baby ohne Faden (Perez) kam als erstes zur Welt.
2. Mo. 39,3: Zu den Kleidern der Priester: Aus Goldplatten wurden Fäden hergestellt und in die Kleidung eingewebt.

Ri. 15,14: Simsongeschichte: Die Stricke, mit denen seine Hände gefesselt waren, wurden wie Fäden.

Jes. 38,12: Lied des Hiskia: »Zu Ende gewebt hab ich mein Leben wie ein Weber; er schneidet mich ab vom Faden.«

Spr. 31,10-31: Lob der tüchtigen Hausfrau

Mt. 4,21: Die Fischer Jakobus und Johannes flicken ihre Netze

Mt. 9,16: Neuer Lappen aufs alte Kleid geflickt

Mt. 19,24: Kamel durchs Nadelöhr

Apg. 9,36-43: Auferweckung der Tabita. Sie hatte Röcke und Kleider für die Witwen hergestellt.

Geschichten, bei denen man anschließend wohl flicken musste:

1. Sam. 24,1-23: David verschont Saul in der Höhle von En-Gedi. Dabei schneidet er ein Stück von Sauls Rock ab.
4. Mo. 14,6: Josua und Kaleb zerreißen ihre Kleider.
   (Ähnlich Ahab in 1. Kön. 21,27; Hiskia in 2. Kön. 19,1; Josia in 2.Kön. 22,11; Hohepriester in Mt. 26,65)

c) *Lieder*

EG 390: Erneure mich, o ewig's Licht (beim Flicken und Nähen geht's auch ums Erneuern)

EG 350: Christi Blut und Gerechtigkeit, das ist mein Schmuck und Ehrenkleid

Sitzt a kleins Vögele im Tannewald (V. 3: ... Nadel ond e Fade ond e Fengerhuet ond a kleiwonzige Scher)

Weberlied: Ei wie so töricht ist, wenn man's betrachtet, wer einem Leineweber seine Arbeit verachtet

3. Andacht und Gebet

Das Thema des heutigen Nachmittags lautet »Nadel, Faden, Fingerhut«.

Mit Nadel und Faden kann man nähen, Neues entstehen lassen, aber man kann damit auch Altes flicken.

Nadel, Faden, Fingerhut – das sind Utensilien aus dem Nähzeug oder eben auch aus dem Flickzeug.

Und nun frage ich Sie: Kennen Sie den biblischen Leitfaden zum Thema »Flicken«?

(Antwort abwarten)

Dieser Leitfaden steht in Matthäus 9,16: »Niemand flickt ein altes Kleid mit einem Lappen von neuem Tuch; denn der Lappen reißt doch wieder vom Kleid ab, und der Riss wird ärger.«

Das sagt Jesus zu den Jüngern des Johannes, die mit einer Frage über das Fasten zu ihm kommen.

Frage: Wie ist das, wenn Sie flicken?

Machen Sie neue Flicken auf Schürze oder Hose? Welche Erfahrung haben Sie dabei gemacht?

(Erzählen lassen, aber nicht zu lange!)

Nun ist dieses Wort von Jesus natürlich nicht ein Vortrag an die Schneider-Innung seiner Zeit. Es ist auch keine Anleitung für eine Handarbeitsstunde.

Jesus nimmt dieses Bild vom Flicken, um eine geistliche Wahrheit zu verdeutlichen.

Flickschusterei gibt es nicht nur bei Kleidern, sondern auch in anderen Lebensbereichen. Überall, wo Risse entstehen oder Löcher aufreißen, wird gekittet und geflickt.

– Das passiert manchen Menschen heute mit ihrem Wissen: Was man in der Schule und in der Berufsausbildung gelernt hat, das reicht irgendwann nicht mehr aus. Wissenslöcher tun sich auf und müssen gestopft werden, mit Fortbildung, mit Kursen, mit Lesen von Büchern. Vielen geht das heute so mit dem Computer. Wer hier ein großes Loch in seinem Wissen und Können hat, muss bei vielen Arbeitsstellen versuchen, dieses Loch schnellstmöglichst zu flicken und zu stopfen.

– Ein anderer Bereich, in dem es immer wieder Risse gibt, sind unsere Beziehungen zu anderen Menschen: Hier entstehen Risse durch Missverständnisse oder durch mangelndes Interesse aneinander. Manches Mal entstehen aber auch tiefe Risse zwischen uns Menschen, weil wir uns absichtlich oder unabsichtlich verletzen und wehtun.
Die Risse und Löcher in unseren Beziehungen zueinander sind allerdings oft nicht so leicht zu flicken.
Gut, wenn man ein Missverständnis ausräumen kann.
Aber Verletzungen heilen oftmals nicht so einfach. Sie brauchen Zeit und Geduld, Vergebungsbereitschaft und Liebe. Und manchmal bleiben Narben, Spuren, die daran erinnern, dass hier »geflickt« werden musste.
Also: Es gibt Wissenslöcher, die gestopft werden müssen.
Es gibt Risse in zwischenmenschlichen Beziehungen, die wir mühsam flicken müssen.

Und manchmal gibt es auch in unserer Beziehung zu Gott Risse; irgendwie »stimmt es nicht mehr.«
Vielleicht, weil wir von Gott nichts oder nichts mehr wissen wollen.
Vielleicht weil wir ihm und seinen Zusagen einfach nicht glauben.
Oder wir widersetzen uns ihm trotzig.
Oder wir handeln bewusst gegen seine Gebote.
Das alles reißt Löcher in unsere Beziehung zu Gott. Und nun könnte man anfangen zu flicken. Schließlich sind wir im Flicken ja geübt. – Manch einer versucht zu flicken
und strengt sich an, mehr zu glauben.
Oder er bemüht sich, noch mehr Gutes zu tun.
Oder er spendet eine größere Summe Geld.
Oder er versucht es durch Fasten oder durch das Einhalten eines Gelübdes.
All das sind solche »Flickstücke«, Flicklappen, und wir denken, wir könnten unser Leben vor Gott so flicken und wieder in Ordnung bringen.

Aber da sagt Jesus in unserem Bibelvers: Diese Flickerei hat keinen Wert. Das Alte reißt doch immer wieder auf. Es nützt nichts vor Gott, an unserem Leben herumzuflicken, es verbessern zu wollen, es zurechtzubiegen. Unser Leben bleibt doch immer wie ein altes Kleid mit Rissen und Löchern.

Wir brauchen keine Flicken, wir brauchen ein neues Kleid. Und das will Jesus uns schenken: ein neues, unbeschädigtes, weißes Kleid, mit dem wir vor ihm stehen können und mit dem wir vor ihm bestehen können.

Jesus schneidert uns ein neues Kleid aus neuem Stoff. Wir brauchen nicht mehr an dem alten herumzuflicken. Jesus schenkt uns das Kleid des Heils und den Mantel der Gerechtigkeit (Jes. 61,10), den er uns anzieht und mit dem wir vor Gott gerecht sind.

Unser altes Flickenkleid dürfen wir bei Gott entsorgen und uns von ihm neu einkleiden lassen. Wir dürfen an ihn glauben, ihm unser Lebensflickwerk anvertrauen, ihm unsere Löcher und Risse übergeben. Er schenkt uns ein neues Kleid, ein neues Leben, das vor ihm Bestand hat.

Und darüber dürfen wir uns von Herzen freuen und fröhlich sein.

Gebet

Vater im Himmel!

In unserem Leben gibt es an vielen Stellen immer wieder Risse und Löcher. Manches können wir selbst wieder flicken und richten. Aber bei vielem gelingt es uns auch nicht.

Wie gut, dass wir vor dir nicht mit unserem eigenen Flickenkleid stehen müssen.

Wir danken dir sehr, dass du uns durch deinen Sohn Jesus Christus ein neues Kleid schenken willst. Ein neues Kleid ohne Risse und Löcher und Flecken. Ein Kleid, mit dem wir vor dir völlig gerecht sind.

Dafür danken wir dir von Herzen.
Amen.

4. Materialsammlung zum Thema

a) Lebensbild von Margarete Steiff, der Gründerin der Spielwarenfabrik Steiff

Nadel, Faden und Fingerhut gehörten untrennbar zum Leben der Margarete Steiff. Unter ihren Händen und mit diesen Nähutensilien entstanden zunächst Filztiere und später alle Arten von Plüschtieren.

Margarete Steiff ist die »Mutter« der Steifftiere. Seit rund 100 Jahren gibt es diese Stofftiere, und viele Generationen von Kindern sind mit diesem Spielzeug aufgewachsen. Oft wurden die Kuscheltiere zum absoluten Lieblingsspielzeug und zum Bettgesellen. Es wurde mit ihnen geschmust und sie wurden geknuddelt. Und es entstand manch untröstlicher Kummer, wenn eines dieser Tiere kaputtging.

Als Margarete Steiff geboren wurde, gab es diese anschmiegsamen Kuscheltiere noch nicht. Blech- und Holzspielzeug beherrschten die Kinderzimmer.

Es war im Jahr 1847 in Giengen an der Brenz, einem beschaulichen Städtchen am Rande der Schwäbischen Alb. Hier kam Apollonia Margarete Steiff am 24. Juli zur Welt. Sie hatte zwei ältere Schwestern, später kam noch ein Bruder hinzu.

Ihre Eltern waren nicht reich, aber sie hatten genug Geld zum Leben, und auch für unvorhergesehene Ereignisse blieb noch etwas übrig.

Und dieses Unvorhergesehene trat ein, als Margarete 1½ Jahre alt war: Sie erkrankte an Kinderlähmung. Als Folge war ein Bein ganz, das zweite teilweise gelähmt, der rechte Arm stark geschwächt.

Die Eltern versuchten alles nur Denkbare, um Margarete zu helfen und zu heilen. Es wurde gespart, und Margarete wurde zu Ärzten geschickt, zu Kuren, zur Operation. An ihrem gesundheitlichen Zustand änderte sich nichts. Margarete blieb gelähmt und konnte nicht laufen.

Aber das Erstaunliche war: Trotz dieses Handicaps hatte Margarete eine glückliche Kindheit. Spielten die Kinder draußen auf der Straße, so war sie im Handkarren mit dabei, und oft genug war sie der Mittelpunkt. Sie war fröhlich, phantasievoll und voller Energie. Sie erfand Spiele für ihre Kameraden und gab Anordnungen. Kleinere Kinder, die weinten, setzte man zu ihr in den Wagen. Hier tröstete sie Margarete und bald waren die Tränen getrocknet. Immer fanden sich Kinder, die Margaretes Wagen zogen oder schoben. Und es war klar, dass sie mit dieser Eskorte auch die Schule besuchte!

Nach der Konfirmation endete für Margarete die Schulzeit. Ihre Zukunftsaussichten waren keineswegs rosig. Eine Heirat schien aufgrund ihrer Behinderung ausgeschlossen. Der normale Weg für eine unverheiratete Frau führte ins Kloster, zu einer Anstellung als Gouvernante oder zurück in die Familie, wo sie als Helferin und Tante mit im Haushalt lebte.

Doch Margarete hatte eigene Pläne. Sie hatte ihren eigenen Kopf und ihre eigenen Gedanken: Sie wollte wie andere Mädchen in ihrem Alter die Nähschule besuchen und das Nähen erlernen. Ihre Eltern waren sehr skeptisch. Schließlich war Margaretes rechter Arm sehr geschwächt. Wie sollte sie da nähen lernen?

Aber Margarete setzte sich durch. Zunächst waren es sehr mühsame Jahre und es gab manche entmutigenden Stunden. Ihre linke Hand war das Arbeiten mit Nadel und Faden nicht gewöhnt, der rechte Arm tat oft weh. Aber dann wurden Margaretes Näharbeiten immer besser und schließlich war sie eine perfekte Näherin.

Auch in dieser Zeit ging Margaretes Kontakt mit ihren Schulkameraden nicht verloren. An einem schönen Tag, Margarete war etwa 17 Jahre alt, wurde sie zu einem Ausflug abgeholt. Kräftige junge Männer zogen sie in ihrem Wagen den Berg hinauf, und es wurde ein lustiger, gelungener Tag. Am Abend ging es zu Margaretes großem Vergnügen in wilder Fahrt mit dem Wagen den Berg hinunter. Doch der Ausflug endete jäh: Der Wagen stürzte um und Margarete brach sich ein Bein. Ein langes Krankenlager mit viel Zeit zum Nachdenken folgte. Die biblischen Geschichten von Jesus fielen ihr wieder ein, die Krankenheilungen, die Kindersegnung, sein Tod am Kreuz und seine Auferstehung. In diesen Wochen fand sich Margarete endgültig mit ihrer Behinderung ab. Sie hatte viel Zeit zum Gebet. Aber sie bat Gott nun nicht mehr um gesunde Beine, sondern um ein dankbares Herz.

Mit ihren beiden Schwestern eröffnete sie bald eine kleine Näherei. Sie nähten zunächst Kleider und Wäsche für Verwandte und Nachbarn. Eine Nähmaschine, die erste in der ganzen Stadt, wurde angeschafft. Im Jahr 1877 eröffnete Margarete ein Filzgeschäft. Aus diesem strapazierfähigen Material fertigte sie Kissen und Kaffeewärmer, aber auch Frauenunterröcke und Kindermäntel. Nun gehörten auch Einzelhändler und eine Firma in Stuttgart zu ihren Kunden.

In diesem Filzgeschäft wurde 1880 der entscheidende Anstoß für den Siegeszug der Steifftiere gegeben: Margarete fand in einer Modezeitschrift ein Schnittmuster für einen Stoffelefanten. Die Idee gefiel ihr. Statt Stoff nahm sie Filz und stopfte die Tiere mit weicher Wolle aus. So entstanden hübsche Nadelkissen, die Margarete zu Weihnachten an ihre Freundinnen verschenkte.

Die Elefanten wurden begeistert in Empfang genommen! Aber nicht lange blieben sie als Nadelkissen in den Nähkästchen der Frauen. Die Kinder holten sie heraus und begannen auf verschiedenste Weise mit ihnen zu spielen. Bald fragten auch andere Kunden nach den Filztieren und die Elefanten wurden mit großem Erfolg auf dem Markt verkauft. Andere Tiere kamen dazu und Margarete nannte ihr Geschäft nun »Filzsachen und Spielwarenfabrik«.

Margarete beschäftigte immer mehr Näherinnen und Heimarbeiterinnen. Aber sie war nicht nur Chefin. Sie selbst arbeitete weiter in der Nähstube mit, kümmerte sich um ihre Angestellten und hatte ein offenes Ohr für ihre Sorgen und Nöte.

Die Firma vergrößerte sich immer mehr. Margaretes Neffen stiegen nun ebenfalls in das Unternehmen mit ein. Jeder war auf einem anderen Gebiet begabt, so dass sie sich gut ergänzten. Trotzdem hielt Margarete weiterhin die Fäden in der Hand. Neue Produkte wurden von ihr geprüft, und sie war auf Qualität bedacht. Ihr Motto lautete: »Für unsere Kinder ist das Beste gerade gut genug.«

1902 entwickelte einer der Neffen ein neues Stofftier, einen Bären. Er hatte bewegliche Arme und Beine. Margarete war zunächst skeptisch. Die Materialien waren teuer und die Herstellung war mit einem großen unternehmerischen Risiko verbunden. Auf der Leipziger Messe 1903 wurden die Bären dann präsentiert. Doch sie fanden keine Interessenten. Enttäuscht packte man die Tiere wieder ein.

Am letzten Tag der Messe kam ein amerikanischer Einkäufer an den Stand. Er war von den Bären angetan und kaufte sie restlos auf: 3000 Stück!

Die Amerikaner waren begeistert. Bei der Weltausstellung in St. Louis ein Jahr später wurde der Bär zum Verkaufsschlager. 12 000 Stück wurden in diesem Jahr verkauft. Vier Jahre später wurden fast 1 Millionen Bären nach Amerika exportiert. Und dort erhielt der Bär auch seinen Namen: Teddy.

»Teddy« war eigentlich der Name, mit denen Freunde den damaligen amerikanischen Präsidenten Theodore Roosevelt ansprachen. Roosevelt war begeisterter Jäger. Auch Bären waren sein Ziel. Trotzdem verschonte er im Jahr 1902 bei einer Jagd einen Jungbären – und diese Geschichte wurde bekannt. Ein Karikaturist nahm sie zum Anlass, alle seine Zeichnungen von Roosevelt daraufhin mit einem kleinen Bären zu schmücken. Genau in dieser Zeit wurden die Bären von Steiff in den USA immer beliebter. In den Karikaturen von Roosevelt fand sich überall »Teddy's Bär«. Und nun gab es diese drolligen Bären als Spielzeugtiere zu kaufen. Bald schon wurden aus den Steiff-Bären die Teddybären, und das sind sie bis heute geblieben.

Margarete erlebte den unglaublichen Aufschwung der Firma und eine darauffolgende Krise im Jahr 1908 mit voller Aufmerksamkeit mit. Aber sie zog sich immer mehr in ihre Wohnung zurück und beobachtete von dort die Aktivitäten der Firma.

Völlig unerwartet starb sie am 9. Mai 1909 mit 61 Jahren in ihrer Heimatstadt Giengen an der Brenz.

Ihr Denkspruch aus 2. Korinther 12, 9 hatte in ihrem Leben Gestalt angenommen: »Lass dir an meiner Gnade genügen, denn meine Kraft ist in den Schwachen mächtig.«

Quellen:
Annegret Erhard, Margarete Steiff, Ullstein Verlag, Berlin 2000
Vorbereitungshilfen für Kinderstunden, hrsg. vom Gnadauer Verband, Bd. 12
Homepage der Firma Steiff mit interessantem und ausführlichem Lebenslauf von Margarete Steiff und mit vielen Bildern: www.Steiff.de

b) Wilhelm Busch, Max und Moritz: Dritter Streich

Jedermann im Dorfe kannte
Einen, der sich Böck benannte.
Alltagsröcke, Sonntagsröcke,
Lange Hosen, spitze Fräcke,
Westen mit bequemen Taschen,
Warme Mäntel und Gamaschen,
Alle diese Kleidungssachen
Wusste Schneider Böck zu machen.
Oder wäre was zu flicken,
Abzuschneiden, anzustücken.

Oder gar ein Knopf der Hose
Abgerissen oder lose,
Wie und wo und wann es sei,
Hinten, vorne, einerlei,
Alles macht der Meister Böck,
Denn das ist sein Lebenszweck.
Drum so hat in der Gemeinde
Jedermann ihn gern zum Freunde.
Aber Max und Moritz dachten,
Wie sie ihn verdrießlich machten.

Nämlich vor des Meisters Hause
Floss ein Wasser mit Gebrause.
Übers Wasser führt ein Steg,
Und darüber geht der Weg.

Max und Moritz, gar nicht träge,
Sägen heimlich mit der Säge,

Ritzeratze! voller Tücke,
In die Brücke eine Lücke.

Als nun diese Tat vorbei,
Hört man plötzlich ein Geschrei:
»He, heraus! Du Ziegen-Böck!
Schneider, Schneider, meck, meck, meck!«

Alles konnte Böck ertragen,
Ohne nur ein Wort zu sagen;
Aber wenn er dies erfuhr,
Ging's ihm wider die Natur.

Schnelle springt er mit der Elle
Über seines Hauses Schwelle,
Denn schon wieder ihm zum Schreck
Tönt ein lautes: »Meck, meck, meck!«

Und schon ist er auf der Brücke,
Kracks! Die Brücke bricht in Stücke;
Wieder tönt es: »Meck, meck, meck!«
Plumps! Da ist der Schneider weg!

Grad als dieses vorgekommen,
Kommt ein Gänsepaar geschwommen,
Welches Böck in Todeshast
Krampfhaft bei den Beinen fasst.

Beide Gänse in der Hand.
Flattert er auf trocknes Land.
Übrigens bei alledem
Ist so etwas nicht bequem;

Wie denn Böck von der Geschichte
Auch das Magendrücken kriegte.

Hoch ist hier Frau Böck zu preisen!
Denn ein heißes Bügeleisen.
Auf den kalten Leib gebracht,
Hat es wieder gutgemacht.

Bald im Dorf hinauf, hinunter,
Hieß es: »Böck ist wieder munter!«
Dieses war der dritte Streich,
Doch der vierte folgt sogleich.

c) *Märchen der Brüder Grimm:*
Das tapfere Schneiderlein

Es war an einem schönen Sommermorgen. Ein Schneiderlein saß auf seinem Tisch in seiner kleinen Werkstatt und nähte vergnügt vor sich hin. Da hörte es draußen auf der Straße eine Bauersfrau rufen. Sie bot Marmeladenmus zum Verkauf an. Als das Schneiderlein das hörte, bekam es Appetit, rief die Frau herauf und kaufte ihr etwas von ihrer süßen Ware ab. Dann schnitt es sich ein großes Stück Brot herunter und bestrich es mit Marmelade.

»Zuerst aber will ich die Jacke fertig nähen, danach esse ich das Brot«, sagte sich das Schneiderlein. Es legte das Brot auf den Tisch und machte sich voller Freude an seine restliche Arbeit. Doch bald schon interessierten sich noch andere für das Marmeladenbrot: Fliegen, unzählige Fliegen. Sie ließen sich auf der süßen Pracht nieder.

Das Schneiderlein wurde ganz zornig. »Was habt ihr hier zu suchen?«, rief es und versuchte, die Fliegen zu verjagen. Doch diese kamen immer wieder. Schließlich wurde es dem Schneiderlein zu dumm. Es nahm einen Lappen und schlug unbarmherzig zu. Als es den Lappen wieder hochhob, lagen nicht weniger als sieben Fliegen tot vor ihm. Das Schneiderlein war über sich selbst verwundert. »Was bist du für ein toller Kerl«, sprach es zu sich selbst. »Das muss die ganze Stadt erfahren.«

Schnell nähte es sich einen Gürtel und in großen Buchstaben stickte es darauf die Worte: »Sieben auf einen Streich«. »Ach was«, sprach das Schneiderlein wieder zu sich selbst. »Nicht nur die Stadt, nein, die ganze Welt soll von meiner tapferen Tat erfahren.«

Es zog seinen Gürtel an, steckte einen alten Käse ein und machte sich auf den Weg. Als es ein wenig gegangen war, fand es einen kleinen Vogel, der sich im Gestrüpp verfangen hatte. Das Schneiderlein befreite ihn, stopfte ihn in seine Tasche und zog weiter seiner Wege.

Schließlich kam es zu einem Riesen. Der Riese war zunächst sehr unfreundlich zu dem kleinen, schmächtigen Schneiderlein. Dann aber las er auf dem Gürtel: »Sieben auf einen Streich«. Nun bekam er doch ein wenig Respekt, denn selbstverständlich dachte er, das Schneiderlein hätte sieben Menschen auf einen Streich erschlagen. So machte sich der Riese daran, das Schneiderlein zu prüfen.

Der Riese zerdrückte einen Stein in seiner Hand. Doch das Schneiderlein nahm den Käse und machte dem Riesen das Kunststück nach. Dann warf der Riese einen Stein in die Höhe. Doch das Schneiderlein nahm den Vogel, warf ihn in die Luft, so dass er nicht mehr zu sehen war. Als dritte Prüfung sollte das Schneiderlein dem Riesen helfen, einen Baum zu tragen. Doch das Schneiderlein setzte sich hinten einfach auf die Zweige und der Riese merkte nicht, dass er den Stamm ganz alleine trug.

Kurz darauf kamen sie an einen Kirschbaum. Der Riese bog die Äste herunter und gab sie dem Schneiderlein in die Hand. Das fasste zu und schnellte gleich darauf in die Luft. »Was, du hast nicht einmal Kraft, die Äste zu halten?«, rief der Riese. »Aber nein, mir fehlt's nicht an der Kraft!«, rief das Schneiderlein. »Ich bin absichtlich über den Baum gehüpft. Mache es mir doch nach!« Doch das konnte der Riese nicht.

Nun nahm er das Schneiderlein mit in die Höhle zu den anderen Riesen und zeigte ihm ein Bett zum Schlafen. Aber das Schneiderlein verkroch sich in einer Ecke. Nachts kam der Riese und schlug mit einer Eisenstange auf das Bett und meinte, das Schneiderlein sei nun tot. Doch am nächsten Morgen kam es ganz fröhlich dahergelaufen. Die Riesen bekamen einen großen Schrecken und liefen schnellstens fort.

Das Schneiderlein wanderte weiter in die Welt hinein. Es kam zu einem Königsschloss und da es müde war, legte es sich zum Schlafen ins Gras. Neugierig kamen inzwischen die Leute heran, be-

Nähkästchen/Märchen 59

trachteten den kleinen Mann und lasen die Worte auf dem Gürtel: »Sieben auf einen Streich«. Auch der König bekam von der Ankunft dieses scheinbaren Helden zu hören. Er dachte sich, dass es gut wäre, so einen fähigen Mann in seinem Dienst zu haben, und stellte ihn ein.

Doch bald darauf kamen dem König Bedenken. Alle seine Kriegsleute verließen ihn aus Furcht vor dem tapferen Schneiderlein. Und auch der König bekam es mit der Angst zu tun. Womöglich würde dieser große Held ihn totschlagen und sich auf den Königsthron setzen! Deshalb machte der König dem Schneiderlein ein Angebot. Es sollte die Königstochter zur Frau bekommen und das halbe Königreich dazu, wenn es zwei raubgierige Riesen im Walde tötete.

Freudig nahm das Schneiderlein das Angebot an. Es ging in den Wald und fand die beiden Riesen schlafend unter einem Baum. Das Schneiderlein kletterte schnell hinauf und warf Steine auf die beiden Riesen. Diese erwachten, und jeder beschuldigte den anderen, ihn geärgert zu haben. Sie gerieten derart in Streit, dass sie sich ohne die Hilfe des Schneiderleins gegenseitig totschlugen.

Doch der König war nicht zufrieden. Sein Plan war nicht aufgegangen. Er war zwar die beiden Riesen los, aber das Schneiderlein hatte er immer noch am Hals. Deshalb gab er ihm eine neue Aufgabe. »Ehe du meine Tochter zur Frau bekommst, musst du das Einhorn im Wald unschädlich machen.« Das Schneiderlein machte sich frohgemut auch an diese Aufgabe. Der in Aussicht gestellte Lohn war es wert.

Es ging in den Wald und fand auch bald das Einhorn. Als dieses auf ihn losging, versteckte sich das Schneiderlein blitzschnell hinter einem Baum. Das Einhorn rammte sein Horn in den Stamm und war gefangen. Und so war auch diese königliche Aufgabe gelöst.

Doch immer noch wollte der König dem Schneiderlein seinen versprochenen Lohn nicht geben. Er stellte ihm eine letzte Aufgabe: Ein Wildschwein richtete im Wald großen Schaden an. Das Schneiderlein sollte es fangen.

»Das ist ein Kinderspiel für mich«, sprach das Schneiderlein und machte sich auf den Weg. Schon bald kam das Wildschwein wütend auf ihn zugesprungen. Doch das Schneiderlein rannte zu einer Kapelle, riss die Tür auf und sprang zum Fenster wieder hinaus. Das Wildschwein war inzwischen ebenfalls in die Kapelle gerannt. Das Schneiderlein lief um die Kapelle herum und schloss schnell von außen die Tür. Das Tier war gefangen.

Das Schneiderlein aber ging zum König. Dieser musste nun endlich doch sein Versprechen halten und gab ihm seine Tochter zur Frau und das halbe Königreich dazu.

d) Der Faden der Ariadne

»Das verrückte Labyrinth« ist eines der beliebtesten Spiele der letzten Jahre. Karten werden hin- und hergeschoben, und es entstehen immer neue Sackgassen und Gänge, durch die hindurch man zum Ziel gelangen muss.

Auch bei Rätselheften finden sich immer wieder Labyrinthe mit lustigen Aufgaben. Und in neuster Zeit gibt es Landwirte, die ihren Mais in Labyrinthform anpflanzen. Sind die Pflanzen hoch genug, dann entsteht ein unüberblickbarer Irrgarten. Viele Menschen sind davon fasziniert und kommen aus nah und fern zu diesen Feldern, um einmal selbst durch ein richtiges Labyrinth laufen zu können.

Wir beschäftigen uns meist zu unserer Unterhaltung und zu unserem Vergnügen mit dem Labyrinth.

Bei dem Königssohn Theseus war es ganz anders. Bei ihm ging es um Leben und Tod. Theseus lebte im antiken Griechenland. Er war stark und mutig. Schon einige Bösewichte und Ungeheuer hatte er besiegt. Theseus' Vater war König von Athen. Leider lag zu dieser Zeit ein dunkler Schatten über der Stadt. Alle neun Jahre musste der König von Athen sieben junge Männer und sieben junge Frauen nach Kreta schicken. Dort stand ihnen ein schlimmes Schicksal bevor: Sie wurden einem grässlichen Ungeheuer mit Namen Minotaurus zum Fraß vorgeworfen. Und dieser Minotaurus lebte in einem Labyrinth. Die Menschenopfer sollten die Götter und den König von Kreta besänftigen, dessen Sohn vor Jahren im Gebirge von Athen hinterlistig getötet worden war.

Wieder einmal stand der Bote von Kreta vor der Tür. Er wollte den fälligen Tribut abholen. Unter den vornehmsten Familien der Stadt wurden nun sieben Männer und sieben Frauen ausgewählt. Die Angst und der Schmerz war groß und jeder hoffte, dass seine Familie und Angehörigen verschont bleiben würden. Da geschah Unerwartetes: Theseus bat, ebenfalls in die Gruppe der Opfer aufgenommen zu werden. Sein Vater war bestürzt, doch Theseus blieb dabei.

Mit dem Schiff erreichten die vierzehn Todgeweihten Kreta. Dort warteten sie auf den Tag, an dem sie geopfert werden sollten.

Inzwischen aber verliebten sich Theseus und Ariadne, die Tochter des Königs von Kreta, ineinander. Und Ariadne hatte einen genialen Einfall: Als der Tag der Opferung kam, gab sie Theseus ein Schwert und ein Garnknäuel. Theseus begriff sofort. Er machte den Faden am Eingang des Irrgartens fest. Dann ging er mit seinen Gefährten in die Gänge hinein und rollte nebenher das Garn Stück für Stück ab.

Schließlich kamen sie an den Ort, an dem der Minotaurus auf sie wartete. Doch Theseus bewies auch hier Stärke und Mut und tötete das Ungeheuer mit dem Schwert. Dann machten er und seine Begleiter sich auf den Rückweg. Sie gingen dem Faden nach, rollten ihn Stück für Stück wieder auf, und kamen so wieder frei. Der Faden der Ariadne hatte sie davor bewahrt, sich im Labyrinth zu verirren.

Leider nahm die Geschichte trotzdem noch ein tragisches Ende. Theseus, seine Begleiter und Ariadne fuhren mit dem Schiff zurück nach Athen. Doch auf einer Insel mussten sie Ariadne zurücklassen, die dem Gott Dionysos bestimmt war.

Aus lauter Trauer über den Verlust der Geliebten vergaß Theseus, die schwarzen Segel seines Schiffes gegen weiße einzutauschen. Die Segelfarbe aber sollte schon von weitem für seinen Vater ein Erkennungszeichen dafür sein, ob die Fahrt für Theseus gut oder schlecht ausgegangen war.

Aus der Ferne sah der König von Athen nun das schwarze Segel und glaubte, Theseus und die anderen seien tot. Aus lauter Kummer stürzte er sich daraufhin ins Meer.

Manchmal redet man auch heute noch von einem Ariadnefaden. Er bezeichnet dann ein Hilfsmittel, mit dem man sich in einer undurchsichtigen oder verworrenen Lage zurechtfinden kann.

Erzählt nach: Emil Nack/Wilhelm Wägner, Hellas, Deutscher Bücherbund, Stuttgart und Hamburg

e) Erzählung: Die billigste Versicherung

Emmi war eine liebenswerte alte Frau. Sie hatte schon viele Jahre und Jahrzehnte auf dem Buckel, und die meisten davon hatte sie in einem kleinen freundlichen Dorf auf der Schwäbischen Alb verbracht.

Emmi war nicht verheiratet – aber sie lebte nicht allein. Zusammen mit ihrem jüngeren, ebenfalls unverheirateten Bruder wohnte sie in einem kleinen schnuckeligen Haus, das auch ihr Elternhaus war.

Emmi hatte ein gutes Herz. Sie stammte aus einer Familie, die durchaus auch komplizierte Charaktere hervorgebracht hatte. Aber Emmi war anders. Sie war freundlich, sie war gütig und kinderlieb, sie war unkompliziert. Und: sie war praktisch veranlagt. Außerordentlich praktisch!

Mit weit über 80 Jahren starb Emmi, und nur wenige Wochen später starb auch ihr jüngerer Bruder. Da beide keine Kinder hatten, war es nun die Aufgabe der Nichten und Neffen, den Nachlass zu sortieren und zu verteilen.

Und dabei kam Erstaunliches zutage: Es fanden sich Handarbeiten aller Art, Kinderkleider, Puppenkleider, gestrickte Puppen für Bazare. Das war nicht weiter verwunderlich. Jeder der Verwandten wusste, wie gerne Emmi Handarbeiten machte.

Die Überraschung kam, als Emmis Garderobe aussortiert und geordnet wurde: An der Innenseite einer gehäkelten Weste fand sich eine Sicherheitsnadel, in einem Rock war eine Sicherheitsnadel oben im Bund festgemacht. An der Knopfleiste einer Bluse, in Jackentaschen, in der Handtasche – ein Kleidungsstück nach dem anderen wurde zur Hand genommen – und fast überall fand sich zum großen Erstaunen eine Sicherheitsnadel. Etwa zwanzig Sicherheitsnadeln kamen auf diese Weise zusammen.

Nun kann man sich ja schon denken, dass Emmi kaum zu faul zum Flicken war. Nein, Emmis Kleider waren in tadellosem Zustand.

Die Sicherheitsnadeln hatten einen anderen Zweck. Sie waren Emmis »Versicherung«. Die billigste Versicherung, die es überhaupt gab.

Sollte irgendwo zu irgendeiner Zeit ein Unglück passieren – Emmi war gerüstet. Ob eine Hosennaht platzte, ein Knopf absprang, ein Gummi sich öffnete: Emmi war dagegen versichert. Sie hatte stets eine Sicherheitsnadel zur Hand und konnte so sich und andere aus peinlichen Situationen retten.

So brachte Emmi noch nach ihrem Tod ihre Verwandten zum Schmunzeln und zum Nachdenken. Und so manch einer von ihnen wird an sie denken, wenn es mal wieder zum Flicken nicht reicht und die Sicherheitsnadel als »billigste und schnellste Versicherung« herhalten muss.

f) Erzählung: Ein Bindfaden macht Karriere – Die Geschichte der Glühbirne

Thomas Alva Edison war ein genialer Erfinder. Der beste, den Amerika je hervorbrachte. Über 2000 Patente meldete er im Laufe seines Lebens an. Viele seiner wichtigsten Erfindungen sind auch heute noch für uns von unmittelbarem Nutzen. So wird sein Kohlekörpermikrofon noch heute verwendet, und er war es auch, der den Nickel-Eisen-Akku und das Betongussverfahren entwickelte. Edison war unermüdlich. Er war begeistert und getrieben von seiner Arbeit.

Bei einer seiner Erfindungen spielte ein unscheinbarer Bindfaden die entscheidende Rolle.

Schon seit Beginn des 19. Jahrhunderts gab es erste Versuche, durch elektrischen Strom Licht zu erzeugen. Auch Edison war von dieser Idee fasziniert. Große und grelle Bogenlampen gab es bereits. Was fehlte, waren kleine Glühlampen, die die Gas- oder Öllampen ersetzen konnten.

Einen Haken hatte die Sache: Seit 50 Jahren hatten sich die Erfinder auf der ganzen Welt daran versucht. Doch sie hatten die Glühlampe immer nur für sehr kurze Zeit zum Leuchten gebracht.

1879 nun wollte Edison dieses Problem lösen. Drei Dinge brauchte er dazu:
- Er brauchte einen Dynamo.
- Er benötigte einen Glaskolben, der innen luftleer war, in dem also – wenigstens annähernd – ein Vakuum herrschte.
- Und er brauchte einen Glühfaden, der lange brannte.

Es zeigte sich, dass die beiden ersten Probleme leicht zu lösen waren. Schwierig, sehr schwierig sogar, war das dritte Problem. Es wurde unermüdlich probiert und experimentiert. Zuerst wurde ein Platinfaden verwendet. Dann wurde ein Faden aus Teer und Kohlenruß hergestellt. In stundenlanger, filigraner Arbeit knoteten Mitarbeiter Edisons aus diesem Gemisch dünne Fäden, die nicht mal einen halben Millimeter dick sein durften. Die Lampen brannten 1 bis 2 Stunden und übertrafen die Platinlampen bei weitem. Aber die Herstellung der Kohlefäden war noch viel zu aufwändig und ihre Brenndauer viel zu kurz.

Da schlug die große Stunde des Bindfadens.

Es war ein normaler Faden der Coats Company, Garnrolle Nr. 29, die den entscheidenden Durchbruch brachte. »Auf dem Tisch im Laboratorium lag eine Spule Baumwollfaden. Der Erfinder schnitt ein kurzes Stück ab, klemmte es zwischen zwei Eisenspangen und schob das ganze in den Ofen. Das brauchbare Licht, das er mit geteertem Lampenruß erzeugte hatte, hatte ihn davon überzeugt, dass Kohlefäden (einer bis jetzt noch nicht benutzten Art) doch des Rätsels Lösung seien. Unter diesem Gesichtspunkt untersuchte er nun die Kohlereste seines Baumwollfadens.«

Edison stellte also einen verkohlten Baumwollfaden her, der nicht zerfiel. Mit großer Mühe wurde dieser Faden zum Glasbläser transportiert und in eine Lampe eingebracht.

Dann begann der Glühversuch. In den vergangenen Wochen und

Monaten waren die Mitarbeiter daran gewöhnt gewesen, den Faden immer wieder verglühen zu sehen. Dieses Mal war es anders. Der Baumwollfaden brannte von 1 Uhr 30 in der Nacht bis 15 Uhr nachmittags = 13 ½ Stunden lang! Edison und seine Mitarbeiter waren begeistert. An Schlaf war in dieser Nacht nicht zu denken. Dann stellte Edison die höchste Stromstärke ein, und der Faden verlosch. Als das Licht ausging, sprangen die wartenden Männer auf und schrieen vor Freude.

Mit einem normalen Bindfaden ging ihnen ein Licht auf – im wörtlichen und im übertragenen Sinn.

Nun wurde fieberhaft weiterexperimentiert, um die Glühdauer zu verbessern. Unterschiedliche andere Zellulosematerialien wurden getestet. Am Ende war es Papier, nämlich starker Bristolkarton, das sich als am geeignetsten erwies. 170 Stunden lang brannte die Lampe mit diesem Faden.

Heute besteht der Faden einer Glühbirne aus Wolfram, und die Lampen sind normalerweise mit Gas gefüllt.

Den entscheidenden Durchbruch aber für diese Erfindung brachte der Bindfaden.

Erzählt nach: Matthew Josephson, Thomas Alva Edison, Kreißelmeier Verlag, München 1969

5. Unterhaltsames

a) Sketsch: Der Einkauf

Szene: Frau Lemke will in einem Hutladen einen besonderen Hut kaufen.
Darsteller: Frau Lemke; Kundin, etwas einfältig, einfach gekleidet;
Verkäuferin des Hutladens, fein gekleidet

Utensilien: Tisch mit verschiedenen Hüten, darunter ein Strohhut mit Krempe und Blumen. Bluse, Katalog, Metermaß

Die Verkäuferin steht hinter einem Tisch, auf dem die verschiedensten Hüte liegen. Frau Lemke tritt herein.)

Frau Lemke:	»Guten Tag!«
Verkäuferin:	»Einen wunderschönen guten Morgen, Frau ... ?«
Frau Lemke:	»Lemke, Hertha Lemke.«
Verkäuferin:	»Guten Morgen, Frau Lemke. Es freut mich, dass Sie heute Morgen zu uns in den Laden kommen. Womit kann ich Ihnen dienen?«
Frau Lemke:	»Das hier ist doch ein Hutladen, oder? Wissen Sie, ich habe hier eine Bluse ...« *(Frau Lemke holt etwas umständlich eine Bluse aus ihrer Tasche).* »Und jetzt bräuchte ich eben einen ...«
Verkäuferin:	»Einen Hut!!! Stimmt's?! Das habe ich Ihnen doch gleich an der Nasenspitze angesehen, dass Sie einen Hut wollen! Und da sind Sie in unserem Geschäft gold-rich-tig! Wir haben Hüte, Hüte, Hüte. Alle Arten, alle Sorten. Da finden wir bestimmt etwas Passendes für Ihre Bluse. Schauen Sie nur hier: Dieser wun-der-bare Strohhut, mit den bunten Blumen. Ist der nicht entzückend? Oder mehr was für den Winter? Diese Pelzmütze hält sehr warm und ist ungemein kleidsam. Oder vielleicht doch lieber dieser Florentiner? Der macht was her!« *(Die Verkäuferin hebt den Hut prüfend über den Kopf von Frau Lemke:)* »Ja, wirklich dieser Hut würde Ihnen aus-ge-zeich-net stehen!«

(Ändern Sie die Hutbeschreibungen mit Ausnahme des Strohhutes entsprechend Ihrem eigenen »Angebot« ab.)

Frau Lemke: »Ich möchte aber einen besonderen Hut, einen ...«
(Die Verkäuferin unterbricht Frau Lemke.)

Verkäuferin:	»Einen besonderen Hut?? – Nun das ist unsere Spezialität. Schauen Sie hier.« (*Die Verkäuferin hält einen dicken Katalog nach oben:*) »Al-les vol-ler Hüte. Was wir nicht im Laden haben, können wir Ihnen bestellen. Nichts, was es nicht gibt.«

(*Die Verkäuferin beugt sich vor und redet etwas leiser.*)

Verkäuferin:	»Im Vertrauen, Frau Lemke, sogar die Queen Elisabeth von England hat schon mal einen ihrer Hüte bei uns bestellt! Und vor zwei Monaten ...« (*Die Verkäuferin beugt sich noch weiter nach vorne und redet noch etwas leiser.*) »Vor zwei Monaten haben wir einen Hut an unsere Ministerpräsidentin geliefert.« (*Wieder in normaler Lautstärke:*). »Sie sehen also, Sie sind bei uns in besten Händen. Welcher Hut würde Ihnen denn besonders gefallen?«
Frau Lemke:	»Nun der Strohhut sieht wirklich hübsch aus. Aber ...« (*Frau Lemke zögert.*)
Verkäuferin:	»Aber? Nur heraus mit der Sprache. Kein Problem, das von uns nicht gelöst wird.«
Frau Lemke:	»Nun ... also ... Haben Sie denn diesen Hut auch in anderen Größen? Ich bräuchte ...«
Verkäuferin:	»Andere Größen? Aber natürlich! Sie können diesen Hut in jeder Größe haben, die Sie wollen.«
Frau Lemke:	»Ach, da bin ich aber froh! – So ein Strohhut, das wäre mal richtig was Besonderes. – Aber ...«
Verkäuferin:	»Aber? ... Nur heraus damit. Was haben Sie für weitere Wünsche?«
Frau Lemke:	»Diese Krempe, nun, ich denke, das ist ein wenig unbequem. Wenn ich den Hut aufsetze, dann muss ich meine Finger ja immer so gespreizt halten. Ist das nicht etwas unpraktisch?«

(*Frau Lemke hält ihre Finger hoch, Zeigefinger etwas abspreizt.*)

Verkäuferin:	(*schaut etwas ungläubig*) »Nun ja, wenn Sie das beim Aufsetzen stört, dass Sie den Hut zwischen den Fingern halten müssen ...? Schönheit muss eben

auch ein wenig leiden, Sie kennen ja das Sprichwort. Aber natürlich können wir Ihnen diesen Hut auch ohne Krempe liefern.«
(Die Verkäuferin schaut sich nachdenklich den Hut an:) »Ohne Krempe? – Nun, das ist wirklich extravagant, Frau Lemke. Gratuliere. Wirklich extravagant. – Dann wollen wir mal ...«

Frau Lemke: »Äh ... Moment! Ich hätte da noch einen Wunsch.«
Verkäuferin: »Ja?«
Frau Lemke: »Nun ... wenn es möglich wäre ... diese Blumen ... könnte man die auch vielleicht weglassen? – Wissen Sie, sonst ... wenn ich den Hut benütze, und ich passe nicht auf ... – Na ja, nachher hängt der Hut an meiner Bluse fest ...«
Verkäuferin: *(etwas zögernd)* »Aha ... Nun ja, wie Sie meinen, Frau Lemke. Das ist natürlich kein Problem«. *(Hebt den Hut etwas hoch:)* »Ohne Krempe, ohne Blumen. Das wird gemacht. Extravagant, Frau Lemke, wirklich extravagant.«
Frau Lemke: *(strahlt)* »Da bin ich aber froh, dass das geht! Da werden meine Freundinnen im Nähclub aber staunen. So einen Strohhut – den hat sonst keine!« *(Frau Lemke zögert kurz:)* »Und Sie haben diesen Hut auch in kleineren Größen?«
Verkäuferin: »Aber natürlich, Frau Lemke, keine Sorge.« *(Die Verkäuferin holt das Metermaß.)* »Dann wollen wir gleich mal ausmessen, welche Größe Sie brauchen.«
(Die Verkäuferin geht um den Ladentisch herum und will Frau Lemkes Kopf messen.)
Verkäuferin: »Zeigen Sie mir gerade mal ihren Kopf her.«
Frau Lemke: *(empört)* »Aber was hat denn mein Kopf mit der Sache zu tun? Ich will doch keinen Hut für meinen Kopf! Ich brauche einen Hut für meine Bluse, das habe ich Ihnen doch gesagt.«
(Frau Lemke holt nochmals ihre Bluse heraus und zeigt sie der Verkäuferin.)

Frau Lemke: »Schauen Sie, hier hat meine Bluse einen Riss und jetzt brauche ich einen Fingerhut zum Nähen!«

Quelle: Susanne Fetzer

b) Rhythmisches Bewegungsspiel

Die folgenden Verse werden im Rhythmus gesprochen. Dieses Bewegungsspiel soll Spaß machen und dient gleichzeitig dem Training der Feinmotorik der Finger und der Orientierungsfähigkeit beim Richtungswechsel.

Nadel – Faden – Fingerhut: Die rechte Hand wird vor den Körper gehalten, als wolle man dirigieren. Dann tippen nacheinander die Finger der rechten Hand auf den Daumen der rechten Hand.

Nadel: Zeigefinger tippt auf Daumen
Faden: Mittelfinger tippt auf Daumen
Finger-: Ringfinger tippt auf Daumen
-hut: kleiner Finger tippt auf Daumen

wer: nichts machen (»Auftakt«)
öfters: in die Hände klatschen
näht: rechte Hand zur linken Schulter führen (als wolle man sich selber loben)
der: Auftakt
kann: klatschen
es gut: linke Hand zur rechten Schulter (»Loben« auf der anderen Schulter)

Da fin-det je-der Knopf – ein Loch
Alle Bewegungen wie zu Beginn, nur mit der linken Hand.

Wie beim 1. Vers:

Die: »Auftakt«

Schnei-:	Klatschen
derin:	rechte Hand zur linken Schulter
sie:	»Auftakt«
lebe:	Klatschen
hoch!:	linke Hand zur rechten Schulter

Text: überliefert
Bewegungen: Vera Kern

c) *Spiele*

Spielen Sie folgende Wettspiele mit einzelnen Freiwilligen oder in Gruppen. Lassen Sie immer möglichst viele gegeneinander antreten, dann ist die Gefahr, sich zu blamieren, nicht so groß wie bei »eins gegen eins«.

– Wer hat am schnellsten 15 Nadeln eingefädelt?

– Wer näht am schnellsten 8 Knöpfe an?

– Wer hat die 8 Knöpfe am schnellsten wieder abgetrennt, so dass im Stoff keine Fäden mehr zu sehen sind?

– Machen Sie einen »Stopfei-Parcours« quer über die Tische. Das Stopfei muss über die Tische und um die Hindernisse herum mit einer Hand gerollt werden, ohne dass es herunterfällt. Sollte es doch einmal vom Tisch rollen, muss das Stopfei aufgehoben und der Parcours an dieser Stelle wieder fortgesetzt werden. Stoppen Sie die Zeit.

– Wer macht am schnellsten aus 30 Sicherheitsnadeln eine zusammenhängende Kette?

– Für Mutige: Es gibt ja das Sprichwort von der Suche nach einer Stecknadel im Heuhaufen. Wer traut sich, das einmal auszuprobieren? Dazu werden in Schüsseln mit Heu jeweils 5 Stecknadeln versteckt. Die Mutigen, die sich getraut haben, bekommen als Sonderpreis ein paar Pflasterstrips.

- Legen Sie ein Tierbild mit lauter Stecknadeln (oder mit einem langen Faden). Wer das schönste »Bild« hat, ist Sieger.
- Bereiten Sie Säckchen oder Ähnliches vor, wo oben ein Gummiband einzuziehen ist. Das Gummiband wird um die Wette eingezogen, die beiden Enden des Bandes werden aneinander festgenäht.

d) Weitere Ideen

- Tauschen Sie sich aus: Wer hatte die erste Nähmaschine am Ort?
- Wie war das früher mit dem Flicken? Wie heute?
- Eine Frau bringt ihr Nähkästchen mit und zeigt, was alles darin ist.
- Machen Sie ein Fadenspiel. Dabei wird ein langer Faden in unterschiedlichen Weisen über die Finger gestreift und es entstehen immer neue Muster. Anleitungen dazu finden Sie in Kinderbüchern.
- Nähen Sie ein Fadenbild. Einen Vorschlag für die Weihnachtszeit finden Sie unten.

Fadenbild für die Weihnachtszeit:

e) Preise

Als Preise eignen sich alle Arten von Kurzwaren.

6. Gestaltungsideen

– Dekorieren Sie die Tische mit Nadelkissen, Fadenrollen, Fingerhüten und anderen Kurzwaren.

– Stellen Sie einen Strauß mit Fingerhut-Blumen auf den Tisch.

– Stecken Sie in jede Serviette (gut sichtbar!) eine Nadel mit einem Faden.

7. Vorschlag für den Stundenablauf

1. Einstimmung aufs Thema. Sie legen einen roten Faden sichtbar vor sich hin und erklären: Das ist der rote Faden, damit Sie an diesem Nachmittag immer wissen, wo's langgeht und Sie den Faden nicht verlieren!
2. Lied: EG 390: Erneure mich, o ewig's Licht
3. Andacht zu Mt. 9,16
4. Lied EG 350: Christi Blut und Gerechtigkeit, das ist mein Schmuck und Ehrenkleid
5. Plaudereien aus dem Nähkästchen: Eine Frau bringt ihr Nähkästchen mit und zeigt, was sie alles darin hat.
6. Erzählung: Die billigste Versicherung (4e)
7. Kaffeepause
8. Lied vom Leinenweber (2c)
9. Wettspiele (5c) mit Preisverteilung

10. Ein Bindfaden macht Karriere – die Geschichte von Thomas Alva Edison und der Glühbirne (4f)

8. Literatur und Adressen

Literatur:

Matthew Josephson, Thomas Alva Edison

Fritz Vögtle, Edison, rororo monographien, Reinbek 1981

Bridget McConnel, Fingerhüte, Verlag Karl Müller, Köln 1995

Gay Ann Rogers, Nadel, Faden, Fingerhut. Eine illustrierte Geschichte des Nähzubehörs, Haupt, Bern 1986

Adressen:

Fingerhutmuseum, Kohlesmühle, 97993 Creglingen,
Tel. 0 79 33/37 0

Homepage der Firma Steiff: www.steiff.de

Vom Kirchturm geblickt

1. Das Thema

»Von Kirchturm zu Kirchturm« – so lautete ursprünglich dieses Thema – und es stand über einem Treffen von zwei Frauenkreisen aus Nachbarorten. Von Kirchturm zu Kirchturm wollten wir uns begegnen und Gemeinschaft miteinander haben.

Der Blick vom Kirchturm lohnt sich immer. Er schenkt Überblick und neue Horizonte. Vieles erscheint klein und unbedeutend, die großen Linien des Ortes und der Landschaft werden von oben erkennbar. Wer über den »Kirchturmhorizont blickt«, ist offen für Neues und bereit, Altes hinter sich zu lassen.

Kirchtürme und Kirchen sind oftmals Wahrzeichen, Erkennungszeichen eines Ortes. Sie charakterisieren das Dorf oder die Stadt.

Was liegt also näher, als sich in einem Frauenkreis einmal mit dem Kirchturm zu beschäftigen!

2. Assoziationen

a) Stichworte und Redewendungen

Stichworte zum Kirchturm:

Uhr, Glocken, Glockenstube, Wetterhahn, Kreuz, Aussichtsplattform, Turmfalken, Treppen, Schießscharten, Zinnen, Blitzeinschlag, Wetterfahne, Dachreiter, Glöckner, Türmer, Wendeltreppe

türmen: abhauen, davonlaufen (die sprachliche Herkunft dieses Wortes ist unbekannt; evtl. stammt es aus der Gaunersprache und bedeutet: »aus dem [Gefängnis-]Turm oder der Gefangenschaft entlaufen«)

Türme/Biblisches

Redewendung:
Über'n Kirchturmhorizont schauen.

Weitere Assoziationen:
Türmer (z.B. in Nördlingen); Münster: Täufer waren im Turm gefangen; Glöckner (z.B. von Notre Dame).
Kirchenasyl: Auch heute dient das Kirchengebäude (wenn auch nicht der Turm) als Zufluchtsort.
Bekannte Kirchtürme: Kirchturm im Reschensee, Turm der Gedächtniskirche in Berlin, Münchner Frauenkirche, Ulmer Münster etc.

b) Worte aus der Bibel

1. Mo. 11: Turmbau zu Babel
Ps. 61,4: Jahwe als starker Turm vor den Feinden
Ps. 48,13: »Ziehet um Zion herum und umschreitet es, zählt seine Türme.«
In Psalmen und 1./2. Könige: immer wieder Hinweise auf den göttlichen Turm als Zufluchtsort und Opferstätte
Ps. 66,11: »Du hast uns in den Turm werfen lassen« – wohl zur Strafe
Jes. 5,2 (ebenso Mt. 21,33): Turm im Weinberg
Hab. 2,1: Habakuk steht auf einem Turm und wartet auf Rede Gottes
Lk. 13,4: Turm von Siloah
Lk. 14,28: »Wer ist ... unter euch, der einen Turm bauen will?«

c) Lieder

EG 408: Meinem Gott gehört die Welt: V. 3: »Wo ich bin, hält Gott die Wacht ...«
EG 492: Ruhet von des Tages Müh: »... Gott bewacht die Erden«
EG 656 (württembergischer Regionalteil): Wir haben Gottes Spuren festgestellt

JN II, 700: Du gibst das Leben: V. 2: »Du reißt uns Horizonte auf ...«
JN V, 1393: Du bist unsre Zuversicht
JN V, 1493: Herr, du gibst uns Hoffnung: »Großes wird groß, Kleines wird klein«
Lied des Lebens 50: Du bist mein Zufluchtsort

Der Wächter auf dem Türmlein saß
Hört ihr Leut und lasst euch sagen
Wohlauf in Gottes schöne Welt: V. 4: »Du hoher Turm, du Glockenklang ...«
Abend wird es wieder, über Wald und Feld: V. 3: »... keine Glocke klinget«

3. Andacht und Gebet

Unser Thema heute lautet: »Vom Kirchturm geblickt«. Und deshalb geht es in der Andacht auch um den Turm.

Türme sind besondere Bauwerke. Sind wir unterwegs und sehen irgendwo einen Turm, so werden unsere Blicke unwillkürlich davon angezogen. – So erging es auch einer Pfarrfamilie. Nach einem Umzug bewunderten die Kinder den Kirchturm mit seinem schönen Dach. Wenn sie den Kirchturm von weitem wiedererkannten, war die Freude groß. Sonst war die Umgebung noch fremd. Aber der Kirchturm vermittelte ihnen ein Stück neue Heimat.

Und so ähnlich geht es wohl uns allen. Vieles verändert sich im Laufe der Jahrzehnte in unseren Orten. Häuser werden abgerissen, neue gebaut, Straßen verändert. Aber Kirche und Kirchturm bleiben fast unverändert stehen. Und wer nach vielen Jahren Abwesenheit wieder in seinen Heimatort zurückkehrt, wird vieles nicht mehr wiedererkennen. Aber Kirche und Turm, die sind geblieben und symbolisieren die Heimat.

Manchmal erreichen Türme allerdings auch traurige Berühmtheit. Die beiden zerstörten Türme des World-Trade-Centers werden uns für immer an den schlimmen Terroranschlag erinnern, der Tausende von Menschen das Leben kostete. Hoffen wir, dass sich solch ein schlimmes Ereignis nicht wiederholt. Türme gibt es in den unterschiedlichsten Variationen.

In etlichen Orten gibt es einen Wasserturm, in größeren Städten einen Fernsehturm, und überall gibt es Fernmeldetürme. Am Ufer von Meeren und auf Inseln stehen große Leuchttürme, um den Schiffen bei Nacht und Unwetter den Weg zu zeigen. Und dann die unzähligen Türme auf Burgen und Schlössern. Viele dieser Türme sind ein beliebtes Ausflugsziel und dienen nebenbei als Aussichtstürme.

Schon seit der frühesten Menschheitsgeschichte drängt es die Menschen, in die Höhe zu bauen. Wir brauchen dazu nur an den Turmbau zu Babel zu denken. Und wie viele Türme sind seither mit viel Phantasie und technischem Können gebaut worden.

In den letzten Jahrzehnten werden diese Türme immer höher und gigantischer. Es scheint ein regelrechtes Wettrüsten der Architekten stattzufinden. Schon weiß man gar nicht mehr, wo der höchste Turm der Welt gerade steht. Ist irgendwo die neue Nr. 1 gerade fertiggestellt, so ist ganz sicher an einer anderen Stelle der Welt bereits ein Turm im Bau, der noch höher und imposanter werden wird. Über 450 m hoch sind diese Bauwerke – dagegen ist der höchste Kirchturm der Welt in Ulm mit seinen 161 m ein vergleichsweise bescheidenes Türmchen.

Auch in der Bibel kommen Türme vor: Der Turmbau zu Babel im AT, der Turm von Siloah aus dem NT, der einstürzte und 18 Menschen unter sich begrub. Auch Türme in Weinbergen werden erwähnt.

Was aber kaum bekannt ist: Gott selbst wird in der Bibel mit einem Turm verglichen. Das ist für uns sicher ein ungewohnter, sperriger Vergleich. Gott als Burg, als Fels, als sicherer Hort oder als guter Hirte – das ist uns wesentlich bekannter.

Und doch betet der Psalmist in Psalm 61,4: »Du, Gott, bist meine Zuversicht, ein starker Turm vor meinen Feinden.«

1. Türme verschaffen Überblick
Wenn wir einen Turm besteigen, dann genießen wir die Aussicht. Wir sehen viel weiter und viel mehr als unten vom Boden aus. Wir sehen über Hügel und Berge hinweg, sehen, wo Straßen und Flüsse

weiterführen. Dinge, die vom Boden aus groß und mächtig erscheinen, werden plötzlich klein und unbedeutend. Als es noch keine Flugzeuge und Satelliten gab, war der Turm die einzige Möglichkeit, die Welt von oben zu betrachten.

»Gott, du bist ein starker Turm« – so betet der Psalmist.

Türme verschaffen Überblick – diesen Überblick über unser Leben will uns Gott schenken. Wir dürfen zu ihm kommen, wenn wir uns im Kleinkram des Alltags und der Sorgen verloren haben. Gott will unseren Blick wieder auf das Wichtige und Wesentliche lenken. Von seinem Turm aus wird Kleines klein und Unwichtiges unwichtig. Wenn wir zu Gott kommen, lenkt er unseren Blick immer wieder auf die großen Zusammenhänge in unserem Leben und führt uns das Ziel vor Augen, auf das unser Leben hinführt.

Gott ist unser Turm, der uns Überblick verschafft in den verworrenen Zusammenhängen unseres Lebens.

2. Türme schenken auch Sicherheit

Seit jeher wurden Türme gebaut, um das Land besser verteidigen zu können. Zum einen wurden nahende Feinde schon früh erkannt. Dann aber konnte von einem Turm aus auch viel besser gekämpft werden. Wer von oben schoss, hatte viel bessere Chancen. Und so findet man bei vielen Türmen noch heute Schießscharten zur Verteidigung. Auch mancher Kirchturm wurde in früheren Jahrhunderten zu Verteidigungszwecken genutzt.

In einer Burg ist der sicherste Teil der Bergfried, der höchste Turm mit den dicksten Mauern. Dieser Turm war der letzte Zufluchtsort, wenn Gefahr drohte.

Ein solcher Zufluchtsort will Gott für uns sein. In den starken Mauern seines Turmes dürfen wir uns bergen.

Wir dürfen bei Gott Zuflucht nehmen, wenn uns Angst, Zweifel und Nöte bedrohen. Gott nimmt unser Schutzbedürfnis sehr ernst. Er schenkt uns Geborgenheit und will für uns kämpfen.

Gott ist unser starker Turm, der uns Sicherheit und Geborgenheit schenkt.

»Du, Gott, bist meine Zuversicht, ein starker Turm vor meinen

Feinden.« So betet der Psalmist. Und vielleicht erinnern Sie sich das nächste Mal an dieses Wort, wenn Sie einen Kirchturm sehen:
- Gott ist unser Turm. Er schenkt uns Überblick und zeigt uns, worauf es in unserem Leben ankommt.
- Gott ist unser Turm. Er schenkt uns Sicherheit und Geborgenheit. Zu ihm dürfen wir Zuflucht nehmen.

Gebet

Vater im Himmel!
Wir danken dir, dass du uns ernst nimmst in unserer Schutzbedürftigkeit und in unserem Verlangen nach Geborgenheit. Wir danken dir, dass du uns wie ein Turm beides schenken willst: Schutz und Geborgenheit, Zuflucht und Sicherheit.

Wir bitten dich, dass wir unser Leben und unsere Welt immer wieder von deiner Warte und mit deinen Augen sehen. Lass uns Wichtiges groß werden und lass uns Kleinigkeiten nicht so wichtig nehmen.

Du, Gott, bist unsre Zuversicht und ein starker Turm. Dafür danken wir dir.
Amen.

4. Materialsammlung zum Thema

a) Lebensbild: Marie Durand

Türme gehören bei uns zu den beliebten Ausflugszielen. Es macht Spaß, an einem schönen Tag einen Turm zu besteigen, die Aussicht und den Weitblick zu genießen, sich den frischen Wind durchs Haar wehen zu lassen. Natürlich ist so eine Turmbesteigung auch beschwerlich. Man kommt außer Atem, mancher bekommt einen Drehwurm, anderen wird's schwindlig. Aber trotz allem zieht's uns nach oben. So ein Turm weckt ein bisschen Abenteuerlust und Entdeckerfreude. Und nach spätestens ein oder zwei Stunden sind wir wieder auf der sicheren Erde.

Anders war es bei Marie Durand. Sie war 15 Jahre alt, als sie den Tour de Constance, den Turm der Standhaftigkeit betrat, und erst 38 Jahre später durfte sie ihn verlassen. Sie hatte diesen Turm nicht aus Entdeckerfreude betreten oder um die Aussicht zu genießen. Die wenigen Öffnungen waren mit Brettern oder Tapeten verschlossen. Marie wurde gegen ihren Willen hier untergebracht. Denn in diesem Turm befand sich ein Gefängnis.

Der Turm steht in dem kleinen Städtchen Aigues-Mortes. Aigues-Mortes bedeutet auf deutsch »Tote Wasser«, und schon dieser Name lässt nichts Gutes ahnen. Aigues-Mortes liegt im Rhône-Delta, wenige Kilometer vom Mittelmeer entfernt. Es wurde als Hafenstadt gebaut, aber bald versandete es. Was blieb, war ein riesiges Sumpfgebiet, eine ungesunde Gegend. Große Mückenschwärme machten den Menschen im Herbst das Leben schwer, ebenso wie die stechende Sonne und die giftigen Ausdünstungen über dem ganzen Land. Im Winter mussten sich die Menschen gegen den starken Wind, den Mistral, schützen. Der Turm, in dem Marie Durand als Gefangene leben musste, war ein Teil der Stadtmauer. Es war ein massiver, runder Bau mit wenigen Öffnungen, gleichzeitig abweisend und beeindruckend. Seit vielen Jahren diente er als Gefängnis. In zwei großen, runden Verliesen wurden vorwiegend Frauen gefangen gehalten. Eine dieser Frauen war Marie Durand.

Marie Durand wurde 1715 geboren. Ihre Eltern waren Hugenotten, protestantische Christen, und wohnten in einem kleinen Dorf im Vivarais, einem Teil des französischen Zentralmassivs. Es war eine schwere Zeit für die Protestanten in Frankreich. Über 100 Jahre zuvor, 1598, wurde ihnen im Edikt von Nantes relative Freiheit in ihrer Religionsausübung zuerkannt. Aber diese Toleranz währte nicht lange. Bald schon wurden die Hugenotten wieder benachteiligt und verfolgt. Im Jahr 1685 widerrief der Sonnenkönig Ludwig XIV. schließlich das Edikt von Nantes. Erneut kam es zu einer massiven Verfolgung der Hugenotten. In den 15 Jahren von 1680 bis

Türme/Lebensbild

1695 verließen rund 500 000 Protestanten Frankreich und siedelten sich in europäischen Nachbarländern an.

Nicht so die Familie Durand. Sie blieb in Frankreich, in ihrem kleinen Dorf. Und sie hielt an ihrem Glauben fest. Die Eltern beteiligten sich an geheimen Versammlungen. Sie trafen sich mit anderen in Schluchten oder an einsamen Plätzen, selten auch mal in einem Haus. Überall lauerte die Gefahr, entdeckt oder durch Spitzel verraten zu werden. Und immer wieder wurden Hugenotten bei solchen Treffen aufgespürt und gefangen genommen. Die Männer wurden auf Galeeren verbannt, die Frauen in Gefängnisse gesteckt. Besonders gefährlich war die Lage für die Prediger der Hugenotten. Zu ihnen gehörte Marie Durands Bruder Pierre.

Marie war gerade vier Jahre alt, als das Unglück über die Familie Durand hereinbrach. Ein Verräter machte die Behörden auf einen Nachtgottesdienst aufmerksam. Zwei Kompanien Soldaten drangen um Mitternacht in die stille Schlucht ein. Die meisten der Überraschten konnten entkommen. Doch für Pierre Durand, Maries Bruder, hatte dieses Ereignis weit reichende Folgen. Er hatte in diesem Gottesdienst gepredigt. Pierre konnte entkommen und floh in die Schweiz. Bald darauf wurde auch Maries Mutter gefangen genommen und ihr Haus zerstört. Pierre Durand kehrte nach 1 ½ Jahren wieder nach Frankreich zurück. Ab jetzt musste er im Untergrund leben. Hier heiratete er, doch immer wieder wurde er von seiner Frau und seinen drei Kindern getrennt. Pierre starb 1732 als Märtyrer. Seine Frau lebte im Exil in der Schweiz, und nur eines seiner Kinder erreichte das Erwachsenenalter.

Als Marie 13 Jahre alt war, brach neues Leid über die Familie herein. Soldaten marschierten im Heimatdorf der Durands ein. Der Vater konnte sich zunächst verstecken, dann aber wurde auch er gefangen genommen. Er blieb 14 Jahre in Haft, kam noch einmal frei und starb viele Jahre später mit 92 Jahren.

Nach der Gefangennahme des Vaters war Marie nun völlig allein. So war es wohl nicht verwunderlich, dass sie im Alter von 15 Jahren den 20 Jahren älteren Matthieu Serre heiratete. Nur wenige Wochen später, am 14. 7. 1730, wurde auch Marie mit ihrem Ehemann verhaftet. Sie wurden für immer getrennt und sahen sich nie wieder.

Als Marie Durand in den Turm von Aigues-Mortes eingeliefert wurde, war sie also erst 15 Jahre alt. Mindestens 28 Frauen lebten in dem dunklen, feuchten Gefängnis, alte und junge. Eine der Frauen hatte kurz zuvor ein Kind zur Welt gebracht, eine andere bald danach. Eine der Gefangenen war blind. Fast alle Frauen waren verurteilt worden, weil sie Hugenottinnen waren, weil sie an Versammlungen teilgenommen hatten, sich von protestantischen Predigern hatten trauen oder ihre Kinder taufen lassen.

Das Leben im Turm war eintönig und beschwerlich. Die Frauen lebten in Kälte und Dunkelheit. Und auch das Zusammenleben war nicht immer einfach. Marie kümmerte sich um ihre Mitgefangenen, spendete Trost und wurde ihre Wortführerin. Der Märtyrer-Tod von Pierre Durand 1732 stärkte die protestantischen Glaubensgenossen und erweckte neuen Eifer. Auch Marie im Turm von Aigues-Mortes war nun unter ihren Mitgefangenen als Schwester eines Märtyrers herausgehoben. Das verpflichtete sie zu noch größerer Treue und Standhaftigkeit. Jahre der Gefangenschaft vergingen. Immerhin gab es eine Verbindung nach draußen. Briefe gingen hin und her. Auch Päckchen erhielten die Gefangenen. Immer wieder musste Marie die Gemeinde draußen ermahnen, für ihre Gefangenen zu sorgen. Gerade die Gefangenen aus ihrer Gegend erhielten – im Gegensatz zu den anderen – kaum Unterstützung aus der Heimat. Aber von außen kamen auch Ermahnungen in das Gefängnis von Aigues-Mortes. Die Frauen wurden gemahnt, keine Zwietracht aufkommen zu lassen und einander zu ertragen. Bemühungen um die Freilassung, selbst von Seiten des Königs von Preußen, waren vergeblich.

Die Jahre der Gefangenschaft zogen dahin. Frauen starben, neue Gefangene kamen hinzu. Nur wenige erwirkten ihre Freilassung durch den Übertritt zum katholischen Glauben.

Im Jahr 1747 starb Marie Durands Schwägerin, die Witwe ihres Bruders Pierre, in der Schweiz. Sie hinterließ eine 18-jährige Tochter mit Namen Anne. Auf diese Nichte richtete Marie Durand nun ihre ganze Liebe und Fürsorge. Aus der Gefangenschaft heraus nahm sie am Leben der Nichte Anteil, begleitete sie mit Ratschlägen und Ermahnungen und teilte ihre wenige persönliche Habe mit ihr.

1759, nach 29 Jahren Gefangenschaft, erlebte Marie eine große Freude. Ihre Nichte besuchte sie in Aigues-Mortes. Doch Anne war innerlich nicht so gefestigt wie ihr Vater und ihre Tante. Bald darauf enttäuschte sie Marie schwer. Sie heiratete einen wohlhabenden Mann und trat aus diesem Grund zum Katholizismus über.

Immer wieder flammte im dunklen Turm von Aigues-Mortes neue Hoffnung auf. Die politische Lage hatte sich geändert. Gedanken der Toleranz hielten Einzug in Europa.

Am 14. April 1768, nach 38-jähriger Gefangenschaft, kam Marie schließlich frei. Als junges Mädchen war sie in den Turm gekommen, mit 53 Jahren verließ sie ihn. Marie kehrte in ihr Heimatdorf zurück. Acht Jahre lebte sie dort zusammen mit einer früheren Mitgefangenen arm, aber in der wiedergewonnenen Freiheit. Von ihrer Nichte, der sie doch so verbunden gewesen war, erfuhr sie keine Hilfe. Im Juli 1776 starb Marie Durand.

Der Turm von Aigues-Mortes ist auch heute noch zu besichtigen. Für die Protestanten Südfrankreichs wurde er zu einer Art Wallfahrtsort. Er erinnert an schwere Zeiten der Verfolgung, aber auch an leuchtende Beispiele von Standhaftigkeit und Glaubensmut.

Erzählt nach: Arno Pagel, Marie Durand, Brunnen-Verlag, Gießen 1968, und der Tonkassette »Der Turm der Beharrlichkeit« der Evangelischen Medienzentrale Württemberg

b) *Gedicht von Wilhelm Busch: Der Türmer*

Der Türmer

Der Türmer steht auf hohem Söller
Und raucht sein Pfeifchen echten Kneller,
Wobei der alte Invalid
Von oben her die Welt besieht.
Es kommt der Sommer allgemach.
Die Schwalben fliegen um das Dach.

Derweil schon manche stillbeglückt
Im Neste sitzt und fleißig drückt.
Zugleich tritt aus dem Gotteshaus
Ein neuvermähltes Paar heraus,
Das darf sich nun in allen Ehren
Getreulich lieben und vermehren. –
Der Sommer kam, und allenthalben
Schwebt ungezählt das Heer der Schwalben,
Die, wenn sie flink vorüberflitzen,
Des Türmers alten Hut beschmitzen.
Vom Platze unten tönt juchhei,
Die Klosterschüler haben frei,
Sie necken, schrecken, jagen sich,
Sie schlagen und vertragen sich
Und grüßen keck mit Hohngelächter
Des Turmes hochgestellten Wächter. –
Der Sommer ging, die Schwalben setzen
Sich auf das Kirchendach und schwätzen.
Sie warten, bis der Abend da,
Dann flogen sie nach Afrika.
Doch unten, wo die Fackeln scheinen,
Begraben sie mal wieder einen
Und singen ihm nach frommer Weise
Ein Lebewohl zur letzten Reise.
Bedenklich schaut der Türmer drein.
Still geht er in sein Kämmerlein
Zu seinem großen Deckelkrug,
Und als die Glocke zehne schlug,
Nahm er das Horn mit frischem Mut
Und blies ein kräftiges Tuhuht.

c) *Till Eulenspiegel als Turmbläser*

Die 21. Historie sagt, wie Eulenspiegel sich bei dem Grafen von Anhalt als Turmbläser verdingte; und wenn Feinde kamen, so blies er sie nicht an, und wenn keine Feinde da waren, so blies er sie an.

Nicht lange danach kam Eulenspiegel zum Grafen von Anhalt und verdingte sich bei ihm als Turmbläser. Der Graf hatte viele Feindschaften und hielt deshalb in dem Städtchen und auf dem Schloss zu dieser Zeit viele Reiter und Hofvolk, die man alle Tage speisen musste.

Darüber wurde Eulenspiegel auf dem Turm vergessen, so dass ihm keine Speise gesandt wurde. Und am selben Tage kam es dazu, dass des Grafen Feinde vor das Städtlein und das Schloss ritten, die Kühe nahmen und sie alle hinwegtrieben. Eulenspiegel lag auf dem Turme, sah durch das Fenster und machte keinen Lärm, weder mit Blasen noch mit Schreien. Als die Nachricht von den Feinden vor den Grafen kam, damit er ihnen mit den Seinen nacheilte, sahen einige, dass Eulenspiegel auf dem Turm im Fenster lag und lachte. Da rief ihm der Graf zu: »Warum liegst du im Fenster und bist still?« Eulenspiegel rief herab: »Vor dem Essen rufe oder tanze ich nicht gern.« Der Graf rief ihm zu: »Willst du nicht die Feinde anblasen?« Eulenspiegel rief zurück: »Ich darf keine Feinde heranblasen, das Feld wird sonst voll von ihnen, und ein Teil ist schon mit den Kühen hinweg. Bliese ich noch mehr Feinde heran, sie schlügen Euch zu Tode.« Für diesmal blieb es bei den Worten.

Der Graf eilte den Feinden nach und stritt mit ihnen. Und Eulenspiegel wurde erneut mit seiner Speise vergessen. Der Graf kehrte zufrieden zurück: Er hatte seinen Feinden einen Haufen Rindvieh wieder abgenommen. Das schlachteten und zerlegten sie, sotten und brieten. Eulenspiegel dachte auf dem Turm, wie er auch etwas von der Beute erhielte, und gab darauf Acht, wann es Essenszeit sein würde. Da fing er an zu rufen und zu blasen: »Feindio, Feindio!« Der Graf lief mit den Seinen eilends von dem Tisch, auf dem schon das Essen stand. Sie legten ihre Harnische an, nahmen die Waffen in die Hände und eilten sogleich dem Tore zu, um im Felde nach den Feinden Ausschau zu halten. Dieweil lief Eulenspiegel behend und schnell von dem Turm, kam über des Grafen Tisch und nahm sich von den Tafeln Gesottenes und Gebratenes und was ihm sonst gefiel; dann ging er schnell wieder auf den Turm. Als die Reiter und das Fußvolk hinauskamen, sahen sie keine Feinde und sprachen miteinander: »Der Türmer hat das aus Schalkheit getan«, und zogen wieder heim, dem Tore zu.

Der Graf rief zu Eulenspiegel hinauf: »Bist du unsinnig und toll geworden?« Eulenspiegel sprach: »Ich bin ohne Arglist. Aber Hunger und Not erdenken manche List.« Der Graf sagte: »Warum hast du ›Feindio‹ geblasen, obwohl keiner da war?« Eulenspiegel antwortete: »Weil keine Feinde da waren, musste ich etliche heranblasen.« Da sprach der Graf: »Du krauest dich mit Schalksnägeln. Wenn Feinde da sind, willst du sie nicht anblasen, und wenn keine Feinde da sind, so bläst du sie an. Das könnte wohl Verräterei werden!« Und er setzte ihn ab und dingte an seiner Statt einen anderen Turmbläser. Eulenspiegel musste nun als Fußknecht mit den anderen herauslaufen. Das verdross ihn sehr, und er wäre gern von dannen gegangen, konnte aber mit Anstand nicht ohne weiteres davonkommen. Wenn sie gegen die Feinde auszogen, so blieb er stets zurück und war immer der Letzte zum Tore hinaus. Wenn sie den Streit beendet hatten und wieder heimkehrten, war er immer der Erste zum Tore hinein. Da fragte ihn der Graf, wie er das verstehen sollte: Wenn er mit ihm gegen die Feinde auszöge, so sei er stets der Letzte, und wenn man heimzöge, sei er der Erste. Eulenspiegel sprach: »Ihr solltet mir darüber nicht zürnen. Denn wenn Ihr und Euer Hofgesinde schon aßet, saß ich auf dem Turm und hungerte; davon bin ich kraftlos geworden. Soll ich nun der Erste an den Feinden sein, so müsste ich die Zeit wieder einholen und besonders eilen, dass ich auch der Erste an der Tafel und der Letzte beim Aufstehen sei, damit ich wieder stark werde. Dann will ich wohl der Erste und der Letzte an den Feinden sein.«

»So höre ich wohl« sprach der Graf, »dass du es nur so lange bei mir aushalten wolltest, als du auf dem Turme saßest?« Da sagte Eulenspiegel: »Was jedermanns Recht ist, das nimmt man ihm gern.« Und der Graf sprach: »Du sollst nicht länger mein Knecht sein«, und gab ihm den Laufpass. Darüber war Eulenspiegel froh, denn er hatte nicht viel Lust, jeden Tag mit den Feinden zu fechten.

d) Wissenswertes

Auch Kirchtürme haben ihre Entwicklungsgeschichte. Seit dem 8. Jahrhundert wurden Glocken mehr und mehr in kirchlichen Gebrauch genommen und in Türmen aufgehängt, zur besseren Ausbreitung des Schalls. So entstanden in Italien, zum Teil auch in Deutschland, eigene Glockentürme neben der Kirche. Im Laufe der Zeit bekamen die Türme eine eigenständige Bedeutung. Durch sie sollten Pracht und Ansehen der Kirche erhöht werden. Darum wurde die Zahl der Türme auch vermehrt. Doch in spätromanischer Zeit kam es wieder zu einem Rückgang. Schließlich wurden keine Türme mehr gebaut. Es gab lediglich Dachreiter oder Ähnliches. Die Kirche war vornehmlich ein Zweckbau. Zwischen 1100 und 1500 begnügte man sich dann mit zwei Türmen. Aus dieser Zeit stammt das Ulmer Münster mit dem höchsten Kirchturm der Welt.

Der Kirchturm hat auch sinnbildliche Bedeutung. In Psalm 61,4 wird der göttliche Turm als Zufluchtsstätte und Opferstätte dargestellt. Eines der ältesten Beispiele eines sakralen Turms wurde in Jericho gefunden und stammt aus dem 7. Jahrtausend (!) v. Chr.

»Turm« wird bis ins NT hinein oft auch gleichbedeutend mit »Stadt« verwendet. Die Vorstellung des himmlischen Jerusalems in der Offenbarung als würfelförmiges Stadtgebiet führte zum Teil zum Bau von »Turmkirchen«.

Der Turm hat eine enge Beziehung zu der Vorstellung von Gott als Beschützer. Dies ist insbesondere in den mittelalterlichen Wehrkirchen spürbar. Der Turm ist von weitem zu sehen, sein Wehrcharakter ist offensichtlich.

Später haben Chor und Kirchenschiff den Turm als sakrales Zentrum in seiner Wichtigkeit verdrängt.

Einen besonderen Kirchturm hat die Stadt Nördlingen. Es ist »der lange Daniel« der St. Georg Kirche. Auf diesem Turm gibt es immer noch einen Türmer. Und dieser Türmer hat als einziger in Deutschland eine ungebrochene Tradition seit dem 14. Jahrhundert. Der »Daniel« war von Anfang an nicht nur Kirch-, sondern auch Wachturm. Zwei Wächter taten hier Tag und Nacht Dienst. Ihre Aufgabe war es, bei Feuer Alarm zu blasen und gleichzeitig den Löschmannschaften den Weg zu weisen. Dies geschah bei Tag mit einer roten Fahne und bei Nacht mit einer Feuerlaterne. In ähnlicher Weise mussten sie Alarm geben, wenn sich Feinde näherten.

Früher gehörte zu ihren Aufgaben auch, bei Nacht durch das Rufen des »So, G'sell, so« die Zeit anzuzeigen. Noch heute wird dieser Brauch praktiziert, allerdings nicht mehr die ganze Nacht hindurch, sondern nur von 22 bis 24 Uhr zu jeder halben Stunde.

Quellen:
Kalb, Grundriss der Liturgik, Ev. Presseverband für Bayern, München 1982
E. Klunkert, Über den Dächern, Heft 16 der Schriftenreihe »Das Gäu. Geschichte, Persönlichkeiten, Wirtschaft«, Herrenberg, April 1995

e) Artikel über den Kirchturm-Hahn:
Wächter in luftiger Höhe

Aus Eisen, Zink oder Kupfer zieren von alters her stolze Wetterhähne die Spitzen der Kirchtürme. Nicht selten wurden Kirche mit Kirchturm samt Wetterhahn zum Wahrzeichen der Stadt oder des Dorfes.

Wenngleich bislang nicht genau bekannt ist, zu welcher Zeit und in welcher Gegend es zuerst Brauch wurde, Hähne auf die Kirchturmspitzen zu setzen, war der Hahn bereits im Frühchristentum eine Symbolfigur. Er galt als Mahner und Rufer, der die Christen vor Tagesanbruch rechtzeitig zum Gebet rief und an innere Einkehr erinnerte. Diese Rolle des Hahnes geht auf Markus 14,26-31 und 14,66-72 zurück. Jesus prophezeite seinem Jünger Petrus: »Heute, in dieser Nacht, ehe der Hahn zweimal kräht, wirst du mich dreimal verleugnen.« Als ihn später Mägde des Hohenpriesters ansprechen und fragen, ob er nicht auch zu der Gruppe um Jesus von Nazareth gehöre, windet er sich zunächst und bestreitet auf weiteres Nachhaken heftig, Jesus zu kennen. Als dann der Hahn zum zweiten Mal kräht, erinnert sich Petrus daran, was Jesus ihm vorausgesagt hatte. Der Hahn hält ihm vor, versagt zu haben.

Als Botschafter des Lichtes wurde der Hahn zum Sinnbild Christi, der die Geister der Finsternis verbannt. Er verkündet den Sieg über Sünde und Tod und gemahnt an den jüngsten Tag.

In vielen anderen Kulturen wurde der Hahn als Orakeltier betrachtet. Häufig war er dort Symbol der Klugheit und der Wachsamkeit, aber auch Botschafter von Unheil und Schrecken. Die Römer weihten den Hahn dem Gott Sol, weil er den Tag ankündigte, und dem Gott Merkur, weil ihm die Eigenschaft der Wachsamkeit zugeschrieben wurde. Bei den Syrern und Ägyptern galt der Hahn als Sonnensymbol, weil er den Tag bei Sonnenaufgang sieht und ankündigt.

Im dritten Jahrhundert erwähnt der Bischof von Alexandrien in einem Brief an den Bischof der Kirchen in der Pentapolis, dass die Osterfeier in Rom mit dem ersten Hahnenschrei beginnt. Ebenso ist bekannt, dass in vielen frühchristlichen Gemeinden mit dem Morgengebet erst dann begonnen werden durfte, wenn der Hahn zum ersten Mal gekräht hatte. Noch im vergangenen Jahrhundert wurden in den koptischen Gemeinden Abessiniens eigens Hähne dafür gehalten, den Beginn des Morgengebets mit ihrem ersten Schrei zu bestimmen.

Der älteste Hinweis auf einen Kirchturmhahn stammt aus den Jahren um 820. Bischof Rampert von Brescia hatte damals einen Hahn aus Bronze gießen und auf dem Kirchturm von San Faustino Maggiore anbringen lassen. Auch in den folgenden Jahrhunderten sind immer wieder Belege für Kirchturmhähne zu finden. So raubten nach Berichten des Mönchs Ekkehard IV. die Ungarn nach ihrem Einfall in Deutschland im Jahre 925 den Kirchturmhahn von St. Gallen. In Aufzeichnungen des Mönchs Wilhelm von St. Peter ist nachzulesen, dass 965 ein Gewitterblitz den Kirchturmhahn der Abteikirche von St. Peter zu Chalon-sur-Saône getroffen hat.

Ab welcher Zeit die Kirchturmhähne auch als Wetterfahnen gebaut wurden und die Windrichtung anzeigten, ist ebenso unbekannt wie der Ursprung der Kirchturmhähne selbst. Zahlreiche historische Stadtansichten zeigen jedoch, dass es vor allem gegen Ende des Mittelalters üblich war, die Kirchtürme mit einem Wetterhahn zu schmücken. Im Frankfurter Ständebuch von 1568 wird die Herstellung und die Reparatur von Kirchturmhähnen als eine typische Aufgabe der Schlosser bezeichnet. Aus alten Zahlungsbelegen der St. Wendelinus-Basilika im saarländischen St. Wendel geht hervor, dass der Dachdecker 1603 »für lohn, gefahr und Costen« für das Abnehmen und Wiederaufsetzen des Kirchturmhahns 24 Gulden erhielt. Als 1733 der Dachdecker Leopold Hey bei seiner Arbeit vom Dach stürzte, wurde ihm als letzte Ruhestätte ein Ehrenplatz im Chor der Kirche zuteil. Späteren Aufzeichnungen ist zu entnehmen, dass der Dachdecker für die gefährliche Arbeit auf der Kirchturmspitze mit einem »Paar Knie-Bändel und zwei Paar Schnallen« zu entlohnen war.

Im Laufe der Zeit wurde es auch üblich, die Chronik der Stadt oder des Dorfes in einer eisernen Kugel auf der Kirchturmspitze aufzubewahren. Hier auf der Kirchturmspitze waren die Aufzeichnungen für die Nachfahren oft über Jahrhunderte sicher vor Feuersbrünsten und Kriegen. Wichtige Ereignisse in der Gemeinde wurden so von Generation zu Generation weitergegeben. Bis in die Gegenwart liefern diese Chroniken Anhaltspunkte für heimatkundliche Forschungen. An diesem Brauchtum wird bis heute festgehalten.

Theologische Begründungen für den Hahn als Symbolfigur auf der Kirchturmspitze sind hingegen nur spärlich vorhanden. Sehr wahrscheinlich wurde bis ins Hochmittelalter der Hahn als Christussymbol auf die Spitze des Kirchturms gesetzt. Aus dem 13. Jahrhundert ist bekannt, dass die Hahnensymbolik von den Scholastikern aufgegriffen wurde. Für sie galt der Turmhahn als Symbol des Predigers und des Priesters.

Obwohl der Kirchturmhahn in der jüngeren Vergangenheit seine Symbolkraft eingebüßt und auch als Wetterfahne keine praktische Bedeutung mehr hat, wecken die eisernen Wächter auf der Kirchturmspitze doch immer wieder die Phantasie manch stillen Betrachters. Auch der Pfarrer und Dichter Eduard Mörike konnte sich der Faszination der Kirchturmhähne nicht entziehen. Sein Gedicht

Türme/Wissenswertes

»Der alte Turmhahn« rankt sich um den Kirchturmhahn von Cleversulzbach im schwäbischen Unterland. Der Hahn hat lange Jahre viel gesehen, hat einen weiten Horizont und kann deshalb auch über die irdische Vergänglichkeit sinnieren.

Aus: Evangelisches Gemeindeblatt in Württemberg, Nr. 41 vom 12.10.1997, von Bernd Reyer

f) Artikel über den Türmer am Ulmer Münster:
Ein Job für Schwindelfreie

Genau 392 Treppenstufen muss Jürgen Schnittker jeden Tag steigen, eh' er an seinem Arbeitsplatz ist. Mindestens einmal täglich klettert er nochmals 376 Stufen höher, um seinen Aufgabenkatalog abzuhaken. Jürgen Schnittker ist Türmer auf dem höchsten Kirchturm der Welt, dem Ulmer Münsterturm.

Einen Türmer! Wozu braucht den die evangelische Kirchengemeinde in Ulm, die den Mann angestellt hat, in einer Zeit, da vom Auslug her kein Stadtbrand mehr gemeldet werden muss und auch nicht die bedrohliche Annäherung marodierender Landsknechtshorden?

Schnittker ist um Arbeit, die seinen Tag hoch über den Dächern der Münsterstadt ausfüllt, nicht verlegen. Rund 200 000 Turmbesteiger wollen betreut sein, die alljährlich an Schnittkers holzgetäfelter Türmerstube aus dem Jahr 1893 in 70 Meter Höhe vorüberziehen, hinauf zum 768 Wendeltreppenstufen hoch gelegenen Turmkranz. Sie kommen mit Fragen und hinterlassen eine Menge Dreck. Im Sommer, wenn Hochbetrieb herrscht, kommt abends leicht ein großer blauer Müllsack voller Abfall zusammen.

Wirklichen Kummer mit den Turmbesteigern hat Schnittker wenig. Erst zweimal hat er die Polizei oben gehabt. Einmal war die Spendenkasse für die Münstersanierung neben der Türmerstube aufgebrochen. Ein andermal mochte ein Angetrunkener nicht mehr hinunter.

Gelegentlich bekommt der Türmer auch Post: Ansichtskarten von früheren Besuchern hängen in seiner Stube – aus Norwegen und Indien, aus der Karibik, aus den USA und von anderswo.

Nebenher betreibt Schnittker Wetterbeobachtung für die Münsterbauhütte unten am Fuß des Turms, notiert säuberlich Temperatur, Luftdruck, Feuchtigkeit, dazu, ob's neblig oder klar ist über der Stadt. Fürs Dortmunder Zollerninstitut wartet er »Irma«, eine Immissions-Raten-Mess-Apparatur, die seit 1973 den Stickstoffgehalt der Ulmer Luft in 70 Meter Höhe ermittelt – und Erfreuliches auswirft: In 20 Jahren ist die gemessene Menge von 60,36 Milligramm im Kubikmeter Luft auf 12,73 Milligramm zurückgefallen. Der Schadstoff, der dem Münsterbaustein vor allem zu schaffen macht, ist auf dem Rückzug.

Seit 10 Jahren schon betreut Schnittker, im Wechsel mit dem Kollegen Dieter Bitschenauer, seinen Turm, auch die steinernen Einzelstücke an ihm. Täglich schaut er nach lockeren Teilen, die hinunterfallen könnten. Selten nur findet er Bedrohliches. Die Münsterbauhütte sorgt vor. Anders ist in den Wintertagen die Not mit den Eiszapfen: Da könne sich schon mal einer lösen und tief drunten auf dem Münsterplatz Unheil anrichten. Der Türmer schlägt sie rechtzeitig ab und lagert sie bis zum nächsten Tauwetter.

Seine vornehmste Aufgabe hat Schnittker am jährlichen Schwörmontag, wenn Ulms Oberbürgermeister öffentlich den Schwur auf die Stadtverfassung von 1397 erneuert. Zur Bekräftigung des feierlichen Akts läutet der Türmer vom Münsterturm bis heute von Hand die Schwörglocke. Eine andere Glocke, die für die Toten, setzt er mit einem elektrischen Schalter in Gang. Zehn Glocken hängen im Turm. Der Türmer ist der einzige Ulmer, der sie von oben läuten hört.

Aus: Gäubote. Die Herrenberger Zeitung, 1. Februar 1997, Gerrit-Richard Ranft

5. Unterhaltsames

a) Sketsch: Die Erstbesteigung

Szene: 2 Frauen besteigen den Turm des Ulmer Münsters
Darsteller: 2 ältere Frauen, Berta und Liesel
Benötigte Utensilien: Stuhl, Rucksack, Seil, Messer, Schlafsack, Sturzhelm, Regenschirm, Pflaster, Vesper und Trinkflasche

(Berta steht alleine auf der Bühne. Sie ist hübsch angezogen, trägt eine Handtasche und schöne Schuhe – eben wie zu einem Sonntagsausflug.
  Berta steht da und schaut sich immer wieder um.)
Berta: »Wo bleibt denn nur die Liesel? Um 14 Uhr waren wir doch verabredet. Und nun ist es schon 20 Minuten später. Wo bleibt sie denn nur?«
(Berta schaut sich suchend um, läuft nach rechts und nach links und schaut dort nach. Dann bleibt sie wieder in der Mitte stehen.)
Berta: »Dabei hat sich die Liesel doch so auf diesen Tag gefreut. Noch nie war sie auf einem Turm. Auch nicht auf dem Ulmer Münster. Dabei wohnt sie schon über 60 Jahre hier in Ulm. Und heute wollte sie endlich einmal mit mir zusammen hinaufgehen.
Na ja, ich war ja schon oft oben. Fast jede Woche gehe ich bei schönem Wetter einmal hinauf. Und die Sicht ist so herrlich! Besonders, wenn man bis zu den Alpen sehen kann!«
(kurze Pause) »Aber wo bleibt denn bloß die Liesel, sie wird doch nicht etwa Bedenken bekommen haben?«

(In diesem Moment kommt Liesel herein. Ihre Ausstattung: Bergstiefel, Hose, schwerer Rucksack, langes Seil, Sturzhelm und Regenschirm.)
Berta: »Hallo Liesel, da bist du ja endlich!« *(Berta stockt.)* »Ja, wie siehst denn du aus – wie Reinhold Messner vor der Besteigung des Mount Everest.«

Liesel: *(ganz außer Atem)* »Grüß dich, Berta! Hab fast keinen Parkplatz gefunden.
Und dann mein Gepäck – ganz schön schwer.«
Berta: »Aber Liesel ...«
Liesel: »Weißt du, so eine Erstbesteigung muss ja schließlich gut geplant sein.«
(Liesel dreht sich um und schaut in die Höhe zur Spitze des imaginären Turmes.) »Ganz schön hoch, der Turm. Na ja, ist ja immerhin auch der höchste Kirchturm der Welt.«
Berta: »Aber zu was brauchst du da Bergstiefel und Seil, Liesel? Wir klettern doch nicht außen an der Wand hoch, wir nehmen doch die Treppe innen drin.«
Liesel: »Das Seil?« *(Liesel schaut geheimnisvoll:)* »Das Seil ist *ganz* wichtig. Hast du noch nie was von Hänsel und Gretel gehört? Die haben doch auch Brotkrumen fallen lassen, um den Heimweg wieder zu finden. Und ich mach's genauso. Das Seil knote ich unten an der Turmtüre fest. Und dann ziehe ich es den ganzen Weg hinter mir her – so finde ich nachher ohne Probleme wieder zurück.« *(Liesel strahlt:)* »Ist das nicht genial?«
Berta: »Aber Liesel, das ist doch gar nicht ...«
(Liesel kommt jetzt richtig in Fahrt und stellt ihre ganze Ausrüstung vor:)
Liesel: »Den Sturzhelm habe ich, falls mir ein Stein auf den Kopf fällt. Wie alt ist der Turm? 600 Jahre? Na – da gibt es sicher jede Menge lose Steine. Aber mit meinem Sturzhelm kann mir nichts passieren!«
(Liesel hebt den Regenschirm hoch:) »Der ist, wenn's oben brennt und ich runterspringen muss. Ich wollt' eigentlich einen Fallschirm mitnehmen, aber ich konnte keinen finden.«
(Liesel stellt jetzt ihren Rucksack vor sich hin und fängt an auszupacken:)
Liesel: »Pflaster – falls ich Blasen an den Füßen bekomme.
Meine Herztropfen! – Schließlich bin ich nicht mehr die Jüngste.

Türme/Sketsch

>Ein Vesper und eine Flasche Wasser zum Trinken. Für alle Fälle. Wer weiß, was uns unterwegs zustößt oder aufhält. Ein Messer – falls uns jemand unsere Handtaschen klauen will.« *(Liesel hält kurz inne:)* »Ach, ich hab' ja gar keine Handtasche ... Macht nichts.
Und *zuallerletzt* meinen Schlafsack, falls wir den Abstieg nicht mehr rechtzeitig schaffen.
Siehst du, Berta, so eine Expedition muss eben gut geplant sein. Und ich habe an alles gedacht.«

Berta: »Also, Liesel, wirklich, du übertreibst es gewaltig. – Na gut, schließlich warst du ja auch noch nie auf einem Turm.« *(Berta drängt zum Aufbruch:)* »Aber jetzt pack zusammen und lass uns endlich gehen.«

(Liesel nimmt ihren Rucksack, Seil und Regenschirm. Beide marschieren zu einem Stuhl. Dieser symbolisiert den inneren Turm. Beide laufen nun im Folgenden wie bei einer Wendeltreppe immer im Kreis um den Stuhl herum.)

Berta: »Also Liesel, jetzt geht's los. 768 Stufen, dann sind wir oben.«

(Berta läuft schon los.)

Liesel: »Halt, warte, ich muss erst noch mein Seil festmachen.«

(Liesel legt den Anfang des Seils auf den Boden. Dann laufen beide los, immer in gleicher Richtung um den Stuhl herum. Liesel lässt dabei immer ein Stück des Seils auf den Boden gleiten, so dass nun um den Stuhl herum mehrere Seilwindungen liegen.)

Liesel: »Du Berta, ich freu mich so. Endlich komme ich mal aufs Ulmer Münster. Das erste Mal! Das müsste fast morgen in der Zeitung stehen. Ich sehe schon die Schlagzeilen: ›Erstbesteigung des Ulmer Münster‹.«

Berta: »Aber Liesel, Du bist zwar zum ersten Mal hier, aber - andere ...«

(Liesel unterbricht Berta.)

Liesel: *(schnauft)* »Aber anstrengend ist es ganz schön. Ich muss mal Pause machen. Wo sind meine Herztropfen?«

(Liesel kramt kurz in ihrem Rucksack und nimmt ein paar Tropfen zu sich.)

Liesel: »Siehst du, wie gut es ist, dass ich an alles gedacht habe! – Oh, ich bin schon so gespannt auf die Aussicht von da oben. Vielleicht sieht man ja die Schweizer Berge? Und vielleicht sieht man sogar mein Häuschen, in dem ich wohne. Ach, das würde ich doch zu gerne mal von oben sehen.«

Berta: »Hier hängt ein Schild: ›Noch 387 Stufen‹. Wir haben also gerade die Hälfte.«

Liesel: »Die Hälfte? Ach du liebe Zeit!« (*Liesel schaut nach oben:*) »Das ist ja wirklich hoch.«

(*Liesel und Berta laufen ein paar Umdrehungen weiter und reden währenddessen miteinander.*)

Liesel: (*japst und schnauft*) »Oh, ... ist ... das ... an ... stren ... gend. ... Ich ... komme ... ganz ... außer ... Atem.«

Berta: »Aber dafür lohnt es sich auch. Wenn du erst oben die Aussicht genießt, dann ist die ganze Anstrengung vergessen.«

Liesel: »Wie ... weit ... ist ... es ... denn noch?«

Berta: »Nicht mehr so weit, noch etwa 40 Stufen.«

(*Beide laufen noch eine weitere Umdrehung. Dann bleiben sie stehen.*)

Berta: »Schau hier hängt ein Schild: ›Noch 15 Stufen, dann haben Sie es geschafft‹. Komm, Liesel, gleich sind wir oben.«

Liesel: »Einen Moment noch, Berta. Ich schau gerade hier zum Fenster hinaus. Mensch, sind wir weit oben! Aber man sieht alles genau. Schau da ...!« (*Liesel wird ganz aufgeregt:*) »Da unten ist ja der Parkplatz, wo mein Auto steht. Schau, da. Gleich rechts am Eck steht es. – Moment, was ist denn das? Was macht denn der Abschleppwagen? ... Aber der kann doch nicht einfach mein Auto ...?« (*Da fällt Liesel plötzlich ein:*) »Du liebe Zeit, ich habe ganz vergessen eine Münze in die Parkuhr zu werfen!« (*Liesel schaut kurz nach oben:*) »Noch 15 Stufen ...« (*Dann fährt sie entschlossen weiter:*) »Nein, Berta, ich muss hinunter und mein Auto retten!«

(*Liesel läuft schon los, in Gegenrichtung um den Stuhl herum, und wickelt nebenher das Seil auf.*)

Türme/Lieder

Liesel: »Siehst du, Berta, wie gut jetzt das Seil ist? Jetzt finde ich ohne Probleme auf dem schnellsten Weg wieder nach unten. – Ja, bei so einer Expedition muss man eben an alles denken!«

Quelle: Susanne Fetzer

b) Bewegungslieder im Sitzen

Singt das Lied der Freude (EG 305)

2. Preist ihn, ihr Gewitter, / Hagel, Schnee und Wind. / Lobt ihn, alle Tiere, / die auf Erden sind:

3. Stimmt mit ein, ihr Menschen, / preist ihn, groß und klein, / seine Hoheit rühmen / soll ein Fest euch sein:

4. Er wird Kraft uns geben, / Glanz und Licht wird sein, / in das dunkle Leben / leuchtet hell sein Schein:

Text: Dieter Hechtenberg 1968 [Nr. 305]
Melodie: Hartmut Bietz 1971

Wenn man von einem Kirchturm herunterblickt, dann sieht man einen Ausschnitt von Gottes Welt vor sich liegen. So ein Kirchturmausblick kann also auch dazu führen, Gott zu loben und zu preisen über seine gute Schöpfung.

Dies wird mit dem Lied »Singt das Lied der Freude ...« ausgedrückt.

Refrain

Zum Refrain passen folgende Bewegungen, die Sie gut im Stuhlkreis sitzend ausführen können:

Singt das Lied der Freude
Einfaches Klatschen.

der Freude über Gott
Beide Arme beim Wort »Freude« hoch in die Luft schwingen (wie Kinder es tun).

lobt ihn laut
Hände an den Mund halten, als wolle man laut rufen.

der euch erschaffen hat.
Hände suchen »Nachbarhände« und schwingen locker vor und zurück (zwischen den Stühlen sollte etwas Platz dafür sein); alles mit gesenkten Armen.

Türme/Lieder

Beim Singen der Verse werden keine speziellen Bewegungen gemacht. Fassen Sie sich weiterhin an den Händen und schwingen Sie im Rhythmus mit. Praktisch ist es, wenn Sie die Möglichkeit haben, das Lied mit dem Tageslichtprojektor an die Wand zu werfen. Dann müssen die Frauen zum Singen der Verse nicht jedes Mal das Gesangbuch zur Hand nehmen.

Wir steigen jetzt den Turm hinauf

Auch bei diesem lustigen Lied lassen sich die Bewegungen im Stuhlkreis sitzend ausführen.

Wir steigen jetzt den Turm hinauf
Im Rhythmus mit den Füßen auf den Boden stampfen. Eventuell Arme »mitnehmen«, d.h. angewinkelt wie beim Marschieren vor- und zurückbewegen.

mit vielen hohen Stufen.
Mit den Händen die Stufen anzeigen: Eine Hand mit etwas Abstand über die andere führen, dann die untere Hand wegziehen und mit etwas Abstand über die obere Hand führen usw. Stampfen Sie dabei weiterhin mit den Füßen auf den Boden.

Das nehmen wir ganz gern in Kauf
Die Hände stehen von dem Vers vorher ja noch übereinander in der Luft. Nun beide Hände jeweils nach außen führen, Handflächen zeigen am Ende nach oben; so als wolle man sagen: »Was bleibt mir anderes übrig?« Die Füße stampfen weiterhin auf den Boden, schließlich ist der Turm ja hoch und die Besteigung dauert!!

die Aussicht zu genießen.
Beide Hände an die Stirn halten, wie man es auch sonst macht, wenn z.B. die Sonne scheint oder man in die Ferne guckt. Der Kopf könnte sich dabei sogar noch drehen (gut für Halswirbelsäule), als wolle man den »Rundblick« genießen. – Bei mehreren Wiederholungen könnte man als Variante einmal von links nach rechts und dann wieder umgekehrt von rechts nach links blicken.

Text und Melodie überliefert; Bewegungen: Vera Kern/Susanne Fetzer

c) *Spiele*

– Rätsel: Vielleicht haben Sie jemanden in der Gemeinde, der gerne fotografiert oder der eine Fotosammlung hat. Lassen Sie Gegenstände, die von oben fotografiert sind, erraten.

– Rätsel: Stellen Sie auch Bilder von Kirchtürmen aus der Umgebung zusammen und lassen Sie sie erraten.

– Mit Briefmarken lässt sich ebenfalls ein Rätsel gestalten (welche Türme sind abgebildet?) oder man kann die Marken auch als Illustration und Einstimmung auf das Thema verwenden.

– Besorgen Sie sich Bierdeckel und bauen Sie in Gruppen Bierdeckeltürme. Wer in 5 Minuten den höchsten Turm gebaut hat, ist Sieger und bekommt kleine Preise (s. unten).

– Für einen kleineren Kreis: Spielen Sie »Jenga«. Hier wird zunächst ein Turm mit vielen Holzklötzen aufgestellt. Danach müssen abwechselnd einzelne Holzklötzchen herausgenommen und wieder oben aufgelegt werden, ohne dass der Turm einfällt.

d) Aktivitäten

– Machen Sie einen Besuch auf dem örtlichen Kirchturm.
– Gesprächsrunde: Wer war auf welchem Turm? Welche Erlebnisse gab es da?

e) Preise

Blickt man von einem Turm hinunter, dann erscheint alles sehr klein. Deshalb eignen sich als Preise »Miniaturausgaben« von bestimmten Dingen, z.B. Rittersport mini, Minis von Mars, Nuts etc., kleine Portionsfläschchen von Drogerieartikeln oder kleine Seifen.

6. Gestaltungsideen

Stellen Sie für jede Frau ein Tischkärtchen mit dem örtlichen Kirchturm her. Schreiben Sie passende Bibelverse darauf. Vorlagen für den Kirchturm finden sich oft auf dem Gemeindebrief der Kirchengemeinde oder auf deren Briefbogen (siehe dazu Seite 102).

Weitere Bibelverse für Tischkärtchen:

Meine Zuversicht und meine Burg,
mein Gott, auf den ich hoffe.
(Psalm 91,2)

Herr du bist unsre Zuflucht
für und für.
(Psalm 90,1)

Wirf dein Anliegen auf den Herrn;
der wird dich versorgen
und wird den Gerechten in Ewigkeit
nicht wanken lassen.
(Psalm 55,23)

Herr, mein Fels, meine Burg,
mein Erretter; mein Gott,
mein Hort,
auf den ich traue.
(Psalm 18,3)

schneiden knicken

Das ist meine Freude,
dass ich mich zu Gott halte
und meine Zuversicht setze
auf Gott, den Herrn.
Psalm 73,28

Bei den fertigen Tischkärtchen steht nun der Turm heraus.

Du bist meine Zuversicht,
ein starker Turm vor meinen
Feinden. *Psalm 61,4*

Türme/Stundengestaltung

7. Vorschlag für den Stundenablauf

1. Begrüßung
2. Lied: JN V 1393: Du bist unsre Zuversicht
3. Andacht
4. Lied: JN V 1493: Herr, du gibst uns Hoffnung
5. Geschichte von Till Eulenspiegel
6. Kaffee
7. Wer baut den höchsten Bierdeckelturm?
8. Lied: Wohlauf in Gottes schöne Welt
9. Rätsel: Kirchtürme der näheren Umgebung erraten
   Oder: Türme auf Briefmarken erraten
10. Lied: EG 656 (Regionalteil Württemberg): Wir haben Gottes Spuren festgestellt

8. Literatur und Adressen

Informationen zu Nördlingen und zum »Langen Daniel« (St. Georgskirche): www.noerdlingen.de

Informationen zum höchsten Kirchturm der Welt in Ulm: www.muenster-ulm.de

Alle(s) unter einem Hut

1. Das Thema

»Wie bringe ich das nur alles unter einen Hut?« Dieser Stoßseufzer ist sicher schon jeder Frau dann und wann entschlüpft.

»Wie bringe ich nur alles unter einen Hut? – Familie, Haushalt, Kinder, Ehemann, Berufstätigkeit, Gemeinde, eigene Bedürfnisse ...« Nicht immer ist es leicht, allem gerecht zu werden.

»Wie bringe ich nur alle unter einen Hut?« So fragt sich manche Frau, wenn die Familienmitglieder im Blick auf Familienfeste, Urlaub oder den Speiseplan die unterschiedlichsten Ansichten haben.

Hier soll dieses Thema nun einmal von der humorvollen Seite betrachtet werden – augenzwinkernd und ganz wörtlich genommen: Es geht um den »Hut«, um Lustiges und Wissenswertes, um Fröhliches und Nachdenkliches.

Ursprünglich war »Alle unter einem Hut« das Thema bei einem Frauenkreistreffen von zwei Nachbarorten. Man kam zusammen, zwar nicht unter einem »Hut«, aber doch unter einem Dach – was manchmal ja schon schwierig genug ist!

2. Assoziationen

a) *Stichworte und Redewendungen*

Stichworte:

Fingerhut (die Blume und der Hut zum Nähen), Zauberhut, Zuckerhut (in Rio de Janeiro oder aus Zucker), Hutschnur, Nachhut, Obhut, Hutschachtel, Hutpilz, Hutablage, Hutfach, Eisenhut, Hütte, Hütehund

Hüte/Redewendungen 105

Redewendungen:
- Da geht einem der Hut hoch
- Das ist ein alter Hut
- Hut ab! (Chapeaux)
- Den Hut vor jemandem ziehen
- Fang den Hut
- Seinen Hut nehmen
- Unter einen Hut bringen
- Helm ab zum Gebet!
- Mit einer Sache nichts am Hut haben
- Das Bett hüten
- Sich vor etwas hüten
- Auf der Hut sein
- Etwas aus dem Hut zaubern
- Seinen Hut in den Ring werfen
- Etwas geht über die Hutschnur
- Unter die Haube kommen

Auswahl von verschiedenen Hüten:
Filzhut, Strohhut, Jägerhut, Barett, Mütze, Schirmmütze, Schlägermütze, Schiffermütze, Matrosenmütze, Sportmütze, Skimütze, Kappe, Deckel, Baskenmütze, Kapuze, Pudelmütze, Zipfelmütze, steifer Hut, Melone, Bowler, Koks, Gox, Stresemann, Zylinder, Chapeau claque, Dreispitz, Schlapphut, Kalabreser, Panama, Sombrero, Tropenhelm, Schiffchen, Käppi, Kopftuch, Florentiner, Haube, Toque, Kapotthut, Derbyhut, Wagenrad, Turban, Fes, Kardinalshut, Tarbusch, Bischofsmütze, Mitra, Tiara, Sturzhelm, Stahlhelm, Schutzhelm, Pickelhaube, Pepitahut, Ketzerhut

Weitere Assoziationen:
Hutmacherin (Putzmacherin)
Hutschlangen (z.B. Kobra)
Huthaus: dient den Bergleuten als Umkleideraum
Hutberg: Erhebung im Südosten Brandenburgs (162m)
Mit Schirm, Charme und Melone (alte Fernsehserie)
Hutschnur: Schnur, die den Hut hält oder schmückt.

Bei uns nehmen Männer die Kopfbedeckung zum Beten ab. Bei Frauen dagegen ist es in manchen Gegenden Sitte, mit Kopfbedeckung zu beten. Bei Juden dagegen ist es für Männer Pflicht, im Gottesdienst etwas auf dem Kopf zu haben.

Bei dem Pferderennen in Ascot tragen die Damen besonders ausgefallene Hüte.

Bettler stellen meist einen Hut zum Sammeln vor sich hin.

Volksweisheit: »Mit dem Hut in der Hand kommt man durch das ganze Land.«

In der Literatur: Tell verneigt sich vor dem Geßlerhut; Hans-guck-in-die-Luft (Hut wird fortgeweht).

Bekannte Hüte und ihre Träger:
Napoleon trug den Dreispitz.
In der Fremdenlegion trägt man einen weißen Hut.
Charlie Chaplin trug eine Melone.
Adenauer trug den Homburger.

b) Worte aus der Bibel

Hut:
Dan. 3,21: Die drei Freunde Daniels werden mit ihren Mänteln, Hosen und Hüten gefesselt und in den Feuerofen geworfen.

hüten:
5. Mo. 6,12: Hüte dich, dass du nicht den Herrn vergisst.
Jer. 31,10: Gott ... wird (sein Volk) hüten wie ein Hirte seine Herde.
Mt. 16, 6: Hütet euch vor dem Sauerteig der Pharisäer.
Lk. 2,8: ... die hüteten des Nachts ihre Herde. (Weihnachtsgeschichte)
Lk. 12,5: Hütet euch vor aller Habgier.
1. Joh. 5,21: Hütet euch vor den Abgöttern.

Hüter:
1. Mo. 4,9: Soll ich meines Bruders Hüter sein?

Hüte/Lieder

Ps. 21,4: Der Hüter Israels schläft und schlummert nicht.
Mt. 27,66: ... verwahrten das Grab mit Hütern.

behüten:
1.Mo. 28,15: Ich bin mit dir und will dich behüten.
2. Mo. 23,20: Ich sende einen Engel ..., der dich behütet.
4. Mo. 6,24: Der Herr segne dich und behüte dich.
Ps. 40,12: Lass deine Güte und Treue allewege mich behüten.
Ps. 121,8 u.a.: Der Herr behüte deinen Ausgang und Eingang.
Ps. 127,1: Wenn der Herr nicht die Stadt behütet ...
Ps. 145,20: Der Herr behütet alle, die ihn lieben.

c) *Lieder*

EG 65: Von guten Mächten treu und still umgeben
EG 171: Bewahre uns, Gott, behüte uns, Gott
EG 173: Der Herr behüte deinen Ausgang
EG 274: Der Herr ist mein getreuer Hirt, hält mich in seiner Hute
EG 486: Ich liege, Herr, in deiner Hut
EG 563 (württembergischer Regionalteil): Der Herr segne dich und behüte dich
Herr, dein guter Segen ist wie ein großer Hut (s. unten)

Mein Hut, der hat drei Ecken (Singspiel: Bei jedem Durchgang wird ein weiteres Wort durch Bewegungen ersetzt)
Ein Sträußlein am Hute
Schön ist ein Zylinderhut (Mundorgel Nr. 218)
Drei mal drei ist neune (Zipfelmütze)
Schön ist ein Tirolerhut

Lied: Herr, dein guter Segen ist wie ein großer Hut

2. Herr, deine guten Hände sind wie ein großer Hut,
schlagen wird nichts nützen, du willst mich beschützen,
wir sind in deiner Hut, und das gefällt uns gut.

3. Herr, deine große Liebe ist wie ein großer Hut,
kann mich keiner riechen, kann ich mich verkriechen,
wir sind in deiner Hut, und das gefällt uns gut.

4. Herr, deine guten Worte sind wie ein großer Hut,
froh werd ich ihn tragen, allen weitersagen:
Wie sind in deiner Hut, und das gefällt uns gut.

T: Jürgen Fliege; M: Oskar Gottlieb Blarr
aus: Fünf Brote und zwei Fische, 1977
Rechte: tvd-Verlag, Düsseldorf (T), und Strube Verlag, München (M)

3. Andacht und Gebet

Unser Nachmittag heute dreht sich um das Thema »Hut«, und auch die Andacht soll dazu passen.

Nun kenne ich allerdings nur eine einzige Geschichte in der Bibel, in der Hüte eine Rolle spielen. Es ist die Geschichte von den drei Männern im Feuerofen. Sie wurden zum Tod im Feuerofen verurteilt, weil sie nicht bereit waren, den König anzubeten. Es wird hier erzählt, dass die drei Männer, Daniels Freunde, unversehrt aus dem Ofen entkamen. Weder Kleider noch Hüte hatten Spuren von Feuer an sich.

Außer dieser Geschichte aber sind Hüte in der Bibel nicht zu finden. Offensichtlich waren Hüte in der Zeit des Alten und des Neuen Testaments noch nicht besonders verbreitet. Zwar gab es auch bei den Römern und den Griechen Hüte. Aber die Kopfbedeckung für die »normalen« Leute war wohl doch eher der über den Kopf gezogene Mantel. Denn sich etwas über den Kopf gezogen gegen Sonne und Hitze, Wind und Wetter – das haben die Menschen sicher zu allen Zeiten.

Hüte gibt es also in der Bibel kaum. Wenn wir aber weiter bei dieser Wortgruppe bleiben, dann werden wir schnell fündig.

Jetzt wird's etwas sprachwissenschaftlich, aber keine Angst, nur kurz: Das Wort »der Hut« stammt von einer alten Wurzel ab, die »schützende Bedeckung« bedeutet. Aus der gleichen Wurzel stammt auch das Wort »die Hut«. Wir sagen: »Ich bin auf der Hut« und meinen: Wir nehmen uns in Acht. Oder etwas ungewöhnlicher: »Wir sind in Gottes Hut«, d.h. er passt auf uns auf.

»Der Hut« und »die Hut« haben also die gleiche Wurzel und stehen für eine »schützende Bedeckung«.

Wer einen anderen schützt, ihn bedeckt, der hütet ihn, der *be*hütet ihn.

Und das Wort »behüten« findet man an vielen Stellen in der Bibel. Sie reden davon, dass Gott uns Menschen behütet, beschützt. Die bekannteste Stelle stammt sicher aus dem aaronitischen Segen, so wie er am Ende des Gottesdienstes gesprochen wird: »Der Herr segne dich und behüte dich.«

Aber es gibt noch mehr bekannte Stellen. Vor allem in den Psalmen kann man hier einiges finden. Etwa den bekannten Psalm 121, in dem das Wort behüten gleich mehrfach vorkommt:
»Ich hebe meine Augen auf zu den Bergen.
Woher kommt mir Hilfe?
Meine Hilfe kommt vom Herrn,
der Himmel und Erde gemacht hat.
Er wird deinen Fuß nicht gleiten lassen,
und der dich *behütet*, schläft nicht.
Siehe, der *Hüter* Israels schläft und schlummert nicht.
Der Herr *behütet* dich;
der Herr ist dein Schatten über deiner rechten Hand,
dass dich des Tages die Sonne nicht steche,
noch der Mond des Nachts.
Der Herr *behüte* dich vor allem Übel,
er *behüte* deine Seele.
Der Herr *behüte* deinen Ausgang und Eingang
von nun an bis in Ewigkeit.«

Gott will uns behüten. Davon reden auch die Verse auf den Tischkärtchen, die Sie nachher gerne als persönlichen Zuspruch und Ermutigung mit nach Hause nehmen dürfen.

Gott behütet mich.

Das haben Sie alle sicher schon oft erfahren. Je älter wir werden, desto mehr solcher Situationen kennen wir. Wir merken: Hier hat Gott seine schützende Hand über mich gehalten und mich vor einem Unfall oder einer Versuchung bewahrt.

Das können manchmal kleine, eher unscheinbare Begebenheiten sein. Aber es gibt in jedem Leben auch sehr deutliche und eindrucksvolle Ereignisse:
– Jemand ist mit dem Auto von der Straße abgekommen, hat sich überschlagen und ist doch unverletzt entstiegen.
– Ein anderer ist im Krieg »durch Zufall« gerade rechtzeitig aus einem Haus herausgegangen, das kurz darauf von einer Bombe getroffen wurde.

Ich bin sicher, jede von Ihnen kennt solche und ähnliche Erlebnisse, nach denen man nur staunend sagen kann: »Gott hat mich behütet!«

Ich möchte Sie ermutigen, von diesen Erlebnissen auch zu erzählen, z.B. in der Familie oder gegenüber einer Freundin. Mag sein, die eigenen Kinder interessieren sich ab einem bestimmten Alter nicht mehr dafür. Aber da sind dann die Enkel, die Nichten und Neffen, vielleicht auch Nachbarskinder.

Und gerade Kinder interessieren sich oft brennend für Geschichten aus dem wahren Leben. Warum ihnen nicht einmal davon erzählen, wie Gott mich in einer gefährlichen Lage bewahrt hat?

Nicht, dass wir solche Erlebnisse wie einen Bauchladen vor uns hertragen und jedem anpreisen, ob er es hören will oder nicht. Nicht um anzugeben. Aber wenn es in die Situation passt, sollen wir, was wir erfahren haben, auch weitererzählen, um andere zu ermutigen und um Gott damit zu ehren.

Wie ist es nun aber mit so einem Hut? (einen Hut zeigen)
Wie behütet er uns?

Etwas spitzfindig könnte man sagen: Der Hut behütet uns nicht *vor* Sonne und Hitze, Wind und Wetter. Dann wäre der Hut so eine Art Zauberding. Wenn wir ihn aufsetzten, würden draußen augenblicklich der Regen und der Sturm verschwinden.

Der Hut beschützt uns nicht *vor* Hitze und Wind, aber er beschützt uns *in* Hitze und Wind. Wir setzen den Hut auf, gehen hinaus, und der Regen oder die stechende Hitze sind immer noch da. Und sie können uns durchaus zu schaffen machen. Und doch hält der Hut das Schlimmste von uns ab.

So ähnlich ist es, wenn Gott uns behütet.

Gott behütet uns nicht *vor* Sonne und Hitze, Wind und Wetter, aber er behütet uns *in* Sonne und Hitze, Wind und Wetter.

Niemandem bleiben in seinem Leben stürmische Zeiten oder trockene Wüstenstrecken erspart. Es können Tage, Monate oder gar Jahre sein. Aber Gott will uns gerade auch in solchen Zeiten behüten und beschützen. Er hält seine Hand über uns. Er will unser Hüter sein, der nicht schläft und schlummert.

Nun ist es allerdings manches Mal mit Gottes Hut so wie mit einem echten Hut: Wenn wir ihn ein paar Stunden aufhaben, dann denken wir gar nicht mehr daran, dass er immer noch auf dem Kopf ist. Vielleicht werden wir erst durch einen Windstoß wieder daran erinnert.

Dass Gott uns behütet, das kann leicht in Vergessenheit geraten. Gerade wenn wir in einen Lebenssturm geraten sind und mit aller Kraft dagegen kämpfen. Doch wenn der Sturm vorbei ist, wenn die Wüste durchwandert ist, dann sehen wir oft im Nachhinein: Ja, auch auf diesem Weg war Gott bei mir. Auch in diesen Monaten hat er mich behütet und begleitet.

»Herr, deine guten Hände sind wie ein großer Hut« – so haben wir am Anfang gesungen (s. unter 2c). Er will uns beschützen. Wir sind in Gottes Hut – und das ist wirklich gut.

Gebet

Vater im Himmel!
Wir wollen dir danken, dass du uns segnest und behütest. Wir danken dir, dass wir in deiner Hut geborgen sein dürfen. Wir danken dir für die vielfältige Bewahrung, die jede von uns in ihrem Leben schon erlebt hat.

Vater, du siehst, dass uns manches Mal der Sturm des Lebens die klare Sicht auf dich versperrt. Dann schenke uns immer wieder Zuversicht und Glaube, dass du uns auch begleitest und behütest, wenn wir nichts davon spüren.

Wir danken dir für deine Liebe.
Amen.

4. Materialsammlung zum Thema

a) »Doktorhut und Weibermütze« – ein Lebensbild der ersten Ärztin Dorothea Erxleben

Es war ein langer Weg, bis Dorothea Erxleben an der Universität in Halle ihren medizinischen Doktortitel erwarb, »mit allem Lob«.

Das geschah am 12. Juni 1754, als sie bereits 39 Jahre alt war.

Dorothea Erxleben lebte von 1715-1762 in Quedlinburg im heutigen Sachsen–Anhalt. Seit ihrem 8. Lebensjahr hatte sie nichts anderes im Sinn gehabt, als Ärztin zu werden. Während einer längeren Krankheitszeit, in der ihr Vater, Dr. Polykarp Leponin, ihr Bettruhe verordnet hatte, waren seine Bücher ihre »Bettgenossen«.

Dorothea konnte schon sehr früh lesen und schreiben und wollte unbedingt zusammen mit ihrem älteren Bruder Christian von ihrem Vater unterrichtet werden. Mit Schalk meinte sie: »Die Langeweile ist eine viel schlimmere Krankheit!« Dr. Leponin, der mit drei weiteren Ärzten in Quedlinburg praktizierte, ließ sich überreden und beriet mit seinem Freund, dem Rektor eines Knaben-Gymnasiums, wie er Dorothea unterrichten könnte. Bald darauf erhielt sie Unterricht in Religion und Geschichte, in Französisch, Mathematik und Latein. Ihre Mutter Anna-Sophia war nicht sehr begeistert von der Idee ihres Mannes. »Du setzt ihr Flausen in den Kopf«, sagte sie zu ihm. Sie war der Meinung, dass ihre Tochter zuerst einmal lernen sollte, wie ein Haushalt zu führen sei, wenn sie einmal Ehefrau und Mutter sein sollte. Dorothea wollte keine Auseinandersetzung zwischen ihren Eltern und kam dem Wunsch der Mutter nach. Sie war geschickt und fleißig, und wo es bei aller Hausarbeit möglich war, las und lernte sie weiter mit einem Buch in der Hand. Ihr geschlagener Eischnee war besonders fest und glänzend und das geputzte Zinn glänzte wie Silber, weil sie nebenbei so in ihre Studien vertieft war.

Manchmal war sie hin- und hergerissen zwischen den Wünschen der Mutter und denen des Vaters.

»Schnell, Dorothea«, rief der Vater, »du musst mich zu einem Krankenbesuch begleiten!«

»Dorothea, bitte geh heute mit mir auf den Markt«, bat die Mutter.

Als ihr Bruder Christian nach dem Gymnasium die Universität in Halle besuchte, um Medizin zu studieren, begann für Dorothea eine schwere Zeit. Sie wurde stiller, und die Eltern meinten, Dorothea missgönne ihrem Bruder das Studium. Sie stellten sie zur Rede, aber sie antwortete sehr bestimmt und eindeutig: »Ich bin es doch, der etwas missgönnt wird!«

Nachdem ihr Bruder das Haus verlassen hatte, hatte der Vater keinen Assistenten mehr.

Dorothea trat nun in der väterlichen Praxis und bei Hausbesuchen an seine Stelle – zur Verwunderung der Patienten. Doch Dr. Leponin sagte: »Dorothea ist meine Gehilfin.«

Dorotheas Tage, Wochen und Monate waren ausgefüllt mit den Pflichten in Praxis und Haushalt. Doch bei all der Arbeit behielt sie ihr Ziel, Ärztin zu werden, im Auge.

In Quedlinburg gab es ein Damenstift, dem eine Äbtissin vorstand. Diese Äbtissin war Patientin von Dr. Leponin, und da Dorothea ihren Vater oft auf Krankenbesuchen begleitete, wusste sie von dem Wunsch Dorotheas. »Mir kommt eine Idee«, sagte sie bei einem Besuch, als Dorothea ihr ein Senfpflaster gegen Rheuma anlegte. »Wir sollten uns an den König wenden und um seine Zustimmung für dein Studium bitten.« Es verging noch eine aufregende Zeit, bis Dorothea dazu kam, das Gesuch zu schreiben, das vom Stiftshauptmann und dem Kommissar von Lüdenitz weitergeleitet wurde.

In diese Zeit fiel der Tod von König Friedrich Wilhelm I. von Preußen. Sein Nachfolger wurde König Friedrich II. Es kam zu politischen Veränderungen im Land. Dorotheas Brüder sollten zum Militär eingezogen werden, doch sie flohen nach Sachsen. Somit musste laut Gesetz an ihrer Stelle der Vater zum Militär, der jedoch ebenfalls versuchte, dem Dienst zu entfliehen und zu Freunden nach Leipzig fuhr.

Plötzlich war Dorothea ganz auf sich alleine gestellt. Sie konnte ihren Vater nichts mehr fragen, als am nächsten Morgen das Wartezimmer voller Patienten war und Trine, die Hausgehilfin, Dorothea, die gemütlich Kaffee trank, herausfordernd fragte: »Nun, sind wir ein Doktorhaus oder keins?«

Dorothea behandelte, wechselte Verbände, untersuchte, verschrieb Medizin, machte Besuche, überwies Patienten an die Kollegen ihres Vaters und war am Abend dieses und der folgenden

Tage erschöpft und glücklich zugleich. Die Patienten legten in ein Körbchen, das an der Garderobe stand, ihren Beitrag freiwillig ein. So konnte die Familie überleben, bis der Vater heimkam und seine Arbeit wieder aufnahm. Nun fand Dorothea mit Hilfe des Vaters endlich Zeit, ihr Gesuch zum Studium der Medizin an den König zu schreiben. Am 15. April 1741 bekam sie die Zusage zum Studium an der Universität in Halle/Saale.

Dr. Leponin freute sich: »Dorothea, du bist die erste Frau, die promovieren wird!«

Es war im August, als Dorothea ihre Koffer packte und sich freute, in wenigen Tagen in Halle zu sein, um dort als erste weibliche Studentin mit dem Studium zu beginnen. Doch kurz vor ihrer Abreise brach ein fürchterliches Unwetter über Quedlinburg herein. Die »Bode«, die im Harz entsprang, trat über die Ufer und überschwemmte Straßen und Keller. Die Befürchtung des Vaters, dass eine Seuche unter der Bevölkerung ausbrechen könnte, trat wenig später ein. In dieser Situation konnte Dorothea ihren Vater mit den Patienten nicht allein lassen. Sie wurde gebraucht. Sie beschloss, ihre Abfahrt nach Leipzig zu verschieben, und tröstete sich: Aufgeschoben ist nicht aufgehoben.

Während dieser Zeit machte sie einen Besuch bei Pfarrer Johannes Erxleben und seiner Frau, die ein Kind verloren hatten. Diese Begegnung sollte für Dorothea zur großen Veränderung werden.

Sophie Erxleben, Dorotheas Kusine, war sehr krank, und schon bei der Begrüßung merkte Dorothea, dass Sophie Fieber hatte. Sie nahm kurzerhand die vier Erxleben-Kinder zu sich nach Haus, um Sophie zu entlasten. Zum großen Leid und Schmerz von Johannes Erxleben und seinen Kindern starb Sophie jedoch im September 1741.

Dorothea wollte nun endlich gern ihr Studium aufnehmen, doch auch um die Gesundheit ihres Vaters war es nicht aufs Beste bestellt. Dorothea stellte also ihren großen Wunsch noch einmal zurück und übernahm mehr und mehr die Arbeit in der Praxis.

In der Familie Erxleben fehlte inzwischen die Mutter sehr; eine Verwandte, die aushalf, war eine tüchtige Hauswirtschafterin, doch keine geschickte Erzieherin für die Kinder.

So bat Johannes Erxleben Dorothea, die sich so gut mit den Kindern verstand, seine Frau zu werden. Überrascht, aber glücklich, nahm sie den Antrag an und zog ins Pfarrhaus ein. Und noch immer dachte Dorothea im Hinblick auf ihr Studium: Aufgeschoben ist nicht aufgehoben.

Mit der Gesundheit des Vaters war es immer schlechter bestellt. Er erlebte noch die Geburt seiner zwei Enkelsöhne, Christian Polykarp und Albert. Dann starb Dr. Leponin.

Neben der Hausarbeit in der immer größer werdenden Familie ging Dorothea jeden Morgen in die Praxis, machte Hausbesuche und überwies manche Patienten an die Kollegen ihres Vaters. Da Dorothea jedoch noch immer nicht ihren Doktortitel erworben hatte, begannen die Kollegen, ihr Schwierigkeiten zu machen und verfassten einen Beschwerdebrief an den Stiftshauptmann. Der unterbreitete ihr den Vorschlag, sie solle ihre Doktorarbeit schreiben und ihre Prüfung in Halle ablegen. Es war in dieser Zeit nicht einfach für Dorothea, den Anforderungen nachzukommen, denn inzwischen war die Tochter Anna Dorothea geboren, und ihr viertes Kind war unterwegs. Nach der Geburt von Johann Heinrich, die sie sehr geschwächt hatte, begann sie ihre Doktorarbeit. Im Januar 1754 stellte sie die Arbeit fertig. Ihr Mann las sie und sagte: »Mein Gott, was für eine Frau hast du mir gegeben, was für eine wundervolle Frau!«

Da die Genehmigung des Königs für das Studium zwölf Jahre zurücklag, musste ein neues Gesuch geschrieben werden. Endlich, am 6. Mai 1754, konnte Dorothea in Halle nach einem vorhergehenden Gespräch mit dem Dekan der Universität ihre Prüfung ablegen, vor vier Professoren und einem Hörsaal voller Studenten. Sie hat sie »mit Glanz bestanden«.

Doch Dorothea reiste dennoch ohne Doktorhut heim. Der Dekan der Universität musste wegen seiner Kollegen nochmals eine »königliche Anweisung abwarten«. Nur einen Monat später, am 12. Juni 1754, erhielt sie bei einer privaten Feier im Hause des Dekans Juncker dann endlich die medizinische Doktorwürde. Dr. Dorothea Erxleben war 39 Jahre alt. Sie war Ärztin, Pfarrfrau und Mutter von neun Kindern.

Wohl kaum ein Zeugnis kann besser belegen, was für ein Mensch Dorothea Erxleben war, als ein Auszug eines Briefes an ihre Stieftochter Magdalena.

Die Briefe Magdalenas in diesen Wochen und Monaten müssen wohl sehr kleinmütig geklungen haben, jedenfalls antwortete Dorothea Erxleben im Oktober 1756: »Bist Du nicht Dein Lebtag in einem evangelischen Pfarrhaus gewesen und hast dennoch all Dein Rüstzeug verloren? Wenn wir nicht sollten in der Not standhalten, wer dann? Ich glaube, Du denkst zuviel an Dich. Gehe in die Häuser Deiner Gemeindeglieder! Du wirst finden, dass ihrer wenige sind, in denen es besser steht als im Pfarrhaus. Du bist an der Quelle, so schöpfe den Trost und reiche ihn weiter. Aber nimm ein Stückchen Geräuchertes mit und ein paar Äpfel für die Kinder. Stecke hier und dort ein Lichtchen an, wo es am dunkelsten ist, und vergiss nicht die Wundsalben und ein altes Linnen. Du kannst den Schmerz nicht aus der Welt schaffen, ebenso wenig wie ich, aber lindern sollen wir ihn. So lass Deine Liebe spürbar werden, meine Tochter! Und klage nicht, denn vorerst ist, Gott sei herzlich Dank, wenig Grund dafür.«

Nach Jahren kam es doch noch zur Versöhnung zwischen Dorothea und ihren Kollegen. Bei den Unruhen des siebenjährigen Krieges und fünf Einquartierungen, die Quedlinburg überrollten, arbeiteten die Ärzte Hand in Hand.

Im Frühjahr 1759 starb Johannes Erxleben mit 62 Jahren an einem Herzleiden.

Dorothea erlebte noch im Mai 1762 den Frieden zwischen Preußen, Russland und Schweden.

Nach längerer, schmerzhafter Krankheit schloss sie am 13. Juni 1762, erst sechsundvierzig Jahre alt, für immer die Augen.

Erzählt nach: Julia von Brencken, »Doktorhut und Weibermütze. Dorothea Erxleben – die erste Ärztin«, Salzer Verlag, Heilbronn 1992, von Ute Schnaitmann

b) Gedicht von Christian Fürchtegott Gellert: Die Geschichte von dem Hute

Die Geschichte von dem Hute

Das erste Buch

Der erste, der mit kluger Hand,
Der Männer Schmuck, den Hut, erfand,
Trug seinen Hut unaufgeschlagen;
Die Krempen hingen flach herab,
Und dennoch wußt er ihn zu tragen,
Daß ihm der Hut ein Ansehn gab.
Er starb, und ließ bei seinem Sterben
Den runden Hut dem nächsten Erben.
Der Erbe weiß den runden Hut
Nicht recht gemächlich anzugreifen;
Er sinnt, und wagt es kurz und gut,
Er wagts, zwo Krempen aufzusteifen.
Drauf läßt er sich dem Volke sehn;
Das Volk bleibt vor Verwundrung stehn,
Und schreit: Nun läßt der Hut erst schön!
Er starb, und ließ bei seinem Sterben
Den aufgesteiften Hut dem Erben.
Der Erbe nimmt den Hut und schmält.
Ich, spricht er, sehe wohl, was fehlt.
Er setzt darauf mit weisem Mute
Die dritte Krempe zu dem Hute.
Oh, rief das Volk, der hat Verstand!
Seht, was ein Sterblicher erfand!
Er, er erhöht sein Vaterland.
Er starb, und ließ bei seinem Sterben
Den dreifach spitzen Hut dem Erben.
Der Hut war freilich nicht mehr rein;
Doch sagt, wie konnt es anders sein?
Er ging schon durch die vierten Hände.
Der Erbe färbt ihn schwarz, damit er was erfände.

Beglückter Einfall! rief die Stadt,
So weit sah keiner noch, als der gesehen hat.
Ein weißer Hut ließ lächerlich.
Schwarz, Brüder, schwarz! so schickt es sich.
Er starb, und ließ bei seinem Sterben
Den schwarzen Hut dem nächsten Erben.
Der Erbe trägt ihn in sein Haus,
Und sieht, er ist sehr abgetragen;
Er sinnt, und sinnt das Kunststück aus,
Ihn über einen Stock zu schlagen.
Durch heiße Bürsten wird er rein;
Er faßt ihn gar mit Schnüren ein.
Nun geht er aus, und alle schreien:
Was sehn wir? Sind es Zaubereien?
Ein neuer Hut! Oh, glücklich Land,
Wo Wahn und Finsternis verschwinden!
Mehr kann kein Sterblicher erfinden,
Als dieser große Geist erfand.
Er starb, und ließ bei seinem Sterben
Den umgewandten Hut dem Erben.
Erfindung macht die Künstler groß,
Und bei der Nachwelt unvergessen;
Der Erbe reißt die Schnüre los,
Umzieht den Hut mit goldnen Dressen,
Verherrlicht ihn durch einen Knopf,
Und drückt ihn seitwärts auf den Kopf.
Ihn sieht das Volk, und taumelt vor Vergnügen.
Nun ist die Kunst erst hoch gestiegen!
Ihm, schrie es, ihm allein ist Witz und Geist verliehn!
Nichts sind die andern gegen ihn!
Er starb, und ließ bei seinem Sterben
Den eingefaßten Hut dem Erben.
Und jedesmal ward die erfundne Tracht
Im ganzen Lande nachgemacht.

Ende des ersten Buchs.

Was mit dem Hute sich noch ferner zugetragen,
Will ich im zweiten Buche sagen.
Der Erbe ließ ihm nie die vorige Gestalt.
Das Außenwerk ward neu, er selbst, der Hut, blieb alt.
Und, daß ichs kurz zusammenzieh,
Es ging dem Hute fast, wie der Philosophie.

c) Streiflichter aus der Geschichte der Kopfbedeckungen: Hermines Hut erzählt

Puh, ist das ein Wetter heute! Erst regnet es in Strömen – und ich bekomme natürlich alles ab. Richtig durchweicht bin ich schon. Und dann kommt da doch so eine Windböe, und schwupp – liege ich im Dreck. Das ist mir doch noch nie passiert. Hermine hätte wirklich besser auf mich aufpassen können.

Aber warum musste sie auch unbedingt heute aus dem Haus, bei Sturm und Regen. Schließlich bin ich auch nicht mehr der Jüngste. Na ja, ich halte Hermine schon noch ganz gut warm, und ihre Dauerwelle wurde heute auch nicht nass. Und wenn wir spazieren gehen und sie mich aus dem Schrank holt, dann sagt sie immer: »Ach, du mein guter alter Hut, wenn ich dich nicht hätte, du bist doch mein Bester.« Und dann schaut mich Hermine von allen Seiten liebevoll an und setzt mich auf den richtigen Platz auf ihrem leicht ergrauten Lockenkopf.

So war das auch heute. Und wie könnte ich bei dieser Liebeserklärung meinen Dienst verweigern?

Und ehrlich, neulich, bei der großen Hitze, da ging es mir auch nicht viel besser. Die Sonne brannte ganz schön auf meinem Filz, und ich glaube, mein Hutband ist wieder um drei Nuancen ausgebleicht! Aber was macht das schon, wenn Hermine nachher beim Ausziehen sagt: »Ach, du mein guter alter Hut, ohne dich hätte ich heute einen Sonnenstich bekommen.«

Als mich Hermine vor vierzig Jahren kaufte, da waren wir ein wirklich schönes Paar. Wenn wir zusammen spazieren gingen,

Hüte/Erzählung

dann schauten uns die Leute nach. Und ungelogen, Hermine sah mit mir viel hübscher aus.

Jetzt sind wir miteinander alt geworden. Wir haben viel erlebt in den vergangenen Jahren.

Einmal reisten wir sogar nach Ägypten. Pyramiden gab's da, alte Königsschlösser und Ruinen. Die alten Ägypter hatten ganz schön was auf dem Kasten! Da war ich natürlich gespannt, welche Hüte die damals vor 5000 Jahren getragen haben! Aber – Pustekuchen! Mit Hüten hatten die nicht viel am Hut. Die Ägypter trugen lieber Perücken, schön schwarz gefärbt, und darunter hatten sie einen glatt rasierten Schädel.

Na ja, Hauptsache, sie hatten bei dem Klima eine Kopfbedeckung!

Kurz vor unserer Abreise blätterte Hermine in einem Buch über die alte ägyptische Kultur. Und darin habe ich doch noch so etwas Ähnliches wie einen Hut gefunden: Die feinen Ägypterinnen legten großen Wert auf ihr Aussehen und auf Kosmetika. Und manche hatten so ein kegelförmiges Gebilde aus Salben und Parfüm auf dem Kopf. Das schmolz langsam vor sich hin und die Trägerin duftete immer gut!

Das hätte Hermine sicher auch gefallen.

Nach dem Flop in Sachen Hut bei den alten Ägyptern machte ich mich mit gedämpften Erwartungen zwei Jahre später mit Hermine auf den Weg nach Italien. Unser Ziel war Rom.

Wir wandelten auf den Spuren von Cäsar und Nero und schauten uns sämtliche historischen Bauwerke und Ruinen aus dieser Zeit an. Und Bilder. Die Römer hatten offensichtlich eine Vorliebe für lange, wallende Gewänder. Klar, dass da mal wieder kein großer Bedarf an Hüten war. Mal eben ein Tuch als Kapuze oder Schleier über den Kopf gezogen – und fertig war die Kopfbedeckung für den Alltag. Der Hut – das war etwas Besonderes, nur für Götter, Könige oder Helden. Er galt als Zeichen der Freiheit, und später bekamen ihn deshalb auch Sklaven zu ihrer Freilassung.

Hermine und ich gingen auch ins Museum. Da gab's jede Menge Skulpturen. Als ich einige Frauenköpfe näher anschaute, verschlug es mir aber doch die Sprache. Hüte hatten diese Frauen keine, aber Frisuren, kann ich Ihnen sagen, Frisuren!!! Mit Haarteilen, Perücken, Locken, Gold- und Silberdiademen. Und jetzt halten Sie sich fest: Die Frisurenmode wechselte so schnell, dass manche Frau beim Bildhauer ein Konterfei mit abnehmbarem Haarteil in Auftrag gab. Wenn die Frisur out war, wurde einfach auch ein neues Haarteil aus Stein für die Skulptur gemeißelt. Schließlich wollte man ja auf dem neusten modischen Stand sein!

Als Hermine und ich aus Italien zurück waren, hatte sie erst mal genug von weiten Auslandsreisen. Das Jahr darauf machten wir Urlaub in unserem eigenen Haus. Mit Faulenzen und schönen Ausflügen. Das war auch für mich nicht so anstrengend, aber dafür umso interessanter.

Denn an einem Tag machten wir einen Ausflug in ein Hutmuseum. Und, was ich kaum noch zu hoffen wagte, hier gab es Hüte, Hüte, Hüte. Da hätten die alten Ägypter und Römer vor Neid erblassen können. Was hier in Europa in den letzten 500 Jahren alles an Hüten erfunden wurde, das ist schon phänomenal. Na ja, es hat auch hierzulande lange gebraucht, bis wir Hüte richtig ins Blickfeld des Interesses rückten. So bis ins 15. Jahrhundert begnügten sich die Menschen hauptsächlich mit Kapuzen. Etwas Besonderes für die Frauen war da schon der Hennin ab dem frühen Mittelalter, eine zuckerhutförmige Kopfbedeckung mit anhängendem Schleier. Ich muss da immer an Ritterfräulein oder Feen aus dem Märchen denken.

Aber mit dem 15. Jahrhundert ging's so langsam los. Da wurden wir Hüte immer wichtiger. Unser Aussehen und die Größe wechselten stark. Mal gab's was Praktisches, dann waren auffällige und unhandliche Modelle in Mode.

Die Männerhüte waren eher gediegen, Dreispitz, Zylinder oder Homburger. Ganz manierliche Sachen. Der breitkrempige Hut mit Federn, den die Musketiere trugen, fiel in dieser Reihe schon richtig auf.

Aber gegenüber der Damenmode war das gar nichts! Klar gab's auch hier mal kleine und praktische Hütchen. Aber in dem Hutmuseum sah ich Damenhüte von unvorstellbarem Ausmaß. Die armen Frauen, die diese Hüte tragen mussten! Da kann Hermine wirklich froh sein, dass ich so pflegeleicht und angenehm zu tragen bin.

Am witzigsten fand ich ja die Kreationen aus den Jahren um 1770. Immer höher und höher wurden damals die Frisuren der Damen drapiert, mit Haarteilen und Haarkissen. Und ganz oben, da thronte dann eine Segelfregatte, ein Blumenarrangement oder Früchte. Natürlich konnte dieses Gebilde nur selten durchgekämmt werden. Ungeziefer machte sich breit, und ein kleines Stäbchen zum Kratzen war deshalb unverzichtbar. Etliche Leute behaupteten, dass manches Mal das Kinn der Dame in der Mitte zwischen ihren Zehen und der Spitze der Frisur zu finden war. Und beim Kutschenfahren mussten diese Damen knien, um genügend Platz für ihre Frisur zu haben.

Hermine hatte kein Verständnis für diesen Kopfschmuck. Sie schüttelte so energisch den Kopf, dass es mir fast schwindelig wurde. Dann lief sie schnurstracks weiter zu den nächsten Ausstellungsobjekten.

Wir landeten bei der Hutmode um 1830, und ich kann Ihnen sagen, auch hier liebte man das Extreme. Sechzig Jahre zuvor wurde in die Höhe gebaut, nun ging es in die Breite. Je breiter der Hut, umso besser. Spötter behaupteten, dass diese Hüte nicht nur der Dame, die ihn trug, als Regenschirm dienen konnte. Ihre Krempe sei derart breit, dass auch ihre Begleiter links und rechts vom Regenschutz profitierten.

Hermine hatte Mitleid mit den Frauen, die diese Kunstwerke tragen mussten. Sie war eben mehr fürs Einfache und Praktische.

Ein paar Schritte weiter blieb Hermine wieder stehen. Sie schlug begeistert in die Hände. Diese Hüte waren nach ihrem Geschmack. Kleine Hütchen, mit einem Seidenband hübsch unterm Kinn gebunden, aus der Zeit des Biedermeiers, in der Mitte des 19. Jahrhunderts.

Hermine konnte sich kaum sattsehen. Die kleinen Kapotthütchen hatten es ihr angetan: »So einen Hut hätte ich auch gerne getragen. Schade, dass die heute nicht mehr Mode sind«, sagte sie und schaute ganz verklärt. Mir verschlug es die Sprache. Am liebsten wäre ich Hermine vom Kopf gehüpft. Also wirklich, diese

Puppenstubenhüte fand Hermine besser als mich! Das konnte ich mir wirklich nicht gefallen lassen. Als sich Hermine tief über eine Vitrine beugte, um die Bilder vom Biedermeier ganz genau zu studieren, da rutschte ich ihr einfach vom Kopf.

»Hoppla«, sagte Hermine. »Was ist denn hier passiert? Mein guter alter Hut – auf dem Boden?!« Dann hob sie mich auf, klopfte mich ab und setzte mich wieder auf ihren Kopf. Sie stellte sich vor einen Schaukasten, rückte mich zurecht und betrachtete sich nachdenklich in dem spiegelnden Glas.

»Mein guter alter Hut, wir beide passen doch einfach am besten zusammen. Und eigentlich bin ich sehr froh, dass ich nicht einen der vielen Hüte aus dem Museum tragen muss.«

Hermine seufzte tief. Und ich seufzte noch tiefer. Wir konnte ich nur an ihrer Liebe zu mir zweifeln?

Dann wandte sich Hermine zum Gehen. Sie hatte nun genug von Hüten. Auch ich hatte genug vom Besuch bei meinen seltsamen Vorfahren. Ich warf den Biedermeierhütchen noch einen kurzen verächtlichen Blick zu, und dann verließen Hermine und ich das Hutmuseum.

Das ist nun schon einige Jahre her. Bis heute ist mir Hermine treu geblieben, und ich bedanke mich bei ihr dafür, indem ich sie behüte und schmücke, so gut ich kann.

Quellen: James Laver, Die Mode, Verlag Fritz Molden, Wien München Zürich 1969
H. H. Hansen, Knaurs Kostümbuch in Farben, Droemersche Verlagsanstalt, München und Zürich 1954

d) *Erzählung von Christine Nöstlinger: Wie der Franz die Mama überraschte*

Der Franz geht gern in den Kindergarten. Wenn er daran denkt, dass er bald in die Schule kommt, wird er traurig. Nicht, weil er Angst vor der Schule hat. Nur, weil er dann nicht mehr bei der Tante Liesi im Kindergarten sein kann. Der Franz mag die Tante Liesi sehr. Sie singt wunderschön. Sie ist auch wunderschön. Geschichten kann sie besser erzählen als die Mama vom Franz. Auch beim Turnen ist sie besser als die Mama. Wenn der Franz Handstand macht, sagt die Mama immer:

»Hör auf, du brichst dir noch das Kreuz!« Aber die Tante Liesi ruft ganz begeistert: »Toll! Du wirst noch einmal Weltmeister!« Und wenn der Franz sein Jausenbrot vergessen hat, schenkt ihm die Tante Liesi die Hälfte von ihrem Jausenbrot. Nur beim Basteln kommt der Franz mit der Tante Liesi nicht zurecht. Lauter langweilige Sachen muss der Franz im Kindergarten basteln. Kastanientiere, Foliensterne, Ketten aus Tonkugeln, Schiffe aus Nussschalen und Blumentöpfe aus Jogurtbechern.

Wenn die Tante Liesi sagt: »Jetzt basteln wir!«, seufzt der Franz. Und zieht ein Gesicht. Und sehnt sich nach der Schule. Und denkt: Dort machen sie nicht so einen Baby-Kram! Dort bauen sie Segelflieger und Burgen!

Einmal sagte die Tante Liesi: »Kinder, bald ist Muttertag! Wir basteln jetzt etwas Schönes für die Muttis!«

»Was denn?«, fragten die Kinder. »Ein Lesezeichen«, sagte die Tante Liesi. »Was ist das?«, fragte der Franz. Die Tante Liesi zeigte dem Franz ein Stück Karton. Einen länglichen Streifen. Der war grün. Rote Buntpapierherzen klebten auf ihm. An einer schmalen Kante hatte er Fransen aus Wolle. »Das ist ein Lesezeichen«, sagte die Tante Liesi.

Dem Franz gefiel der Kartonstreifen nicht besonders.

»Was tut man damit?«, fragte er. »Man legt ihn in ein Buch«, erklärte die Tante Liesi. »Dorthin, wo man zu lesen aufhört. Dann weiß man am nächsten Tag, wo man das Buch aufschlagen muss!«

»Das braucht meine Mama nicht«, sagte der Franz. »Sie macht Eselsohren in die Buchseiten!« »Sicher nur, weil sie kein Lesezeichen hat«, sagte die Tante Liesi.

Der Franz glaubte das nicht. Kartonstreifen hatten sie zu Hause schließlich genug! Aber er wollte nicht mit der Tante Liesi streiten. Brav schnitt er einen Papierstreifen zurecht, schnipselte rote Herzen aus Buntpapier und flocht Fransen ein. Aber er dachte: Den

Schmarren schenke ich der Mama nicht! Ich denke mir etwas Besseres aus!

Zuerst dachte sich der Franz eine Flasche Parfüm aus. Doch als er der Verkäuferin in der Parfümerie sein Geld zeigte, sagte die: »Dafür kriegst du nicht einmal einen Flaschenstöpsel!« »Was krieg ich denn dafür?«, fragte der Franz.

»Ein gutes Stück Seife«, sagte die Verkäuferin.

Der Franz steckte sein Geld wieder ein. Seife fand er genauso dumm wie Lesezeichen.

Dann fiel dem Franz ein, dass die Mama gar nicht gern ihr Auto wusch. Er nahm drei Blatt Papier und schnitt jedes in vier Teile. Mit den zwölf Karten ging er zum Josef.

»Bitte«, sagte er. »Schreib auf jede Karte GUTSCHEIN FÜR EINE AUTOWÄSCHE, aber in Schönschrift!« »Wofür, du Blödmann?«, fragte der Josef.

»Schenk ich der Mama zum Muttertag!«, sagte der Franz. »Geht nicht«, sagte der Josef. »Ich schenk ihr nämlich schon zwanzigmal Autowäsche! Mit zweiunddreißig Autowäschen kann die Mama nichts anfangen. So dreckig ist ihr Karren nicht!«

Der Franz war sicher, dass der Josef noch gar keine Gutscheine für die Mama gemacht hatte. Er war sicher, dass dem Josef die Gutscheine gar nicht eingefallen waren. Er dachte: Jetzt hat er mir meine schöne Idee gestohlen!

Weil der Franz aber ohnehin nicht gern Autos wusch, schenkte er dem Josef die gute Idee. Er dachte: Mir fällt noch etwas Besseres ein!

Am Abend schaute der Franz mit der Mama Fotoalben an. Das taten der Franz und die Mama gern. Beim Bilderanschauen kamen sie zu einem Foto, auf dem waren die Urgroßmutter und die Urgroßtante vom Franz. Die Urgroßmutter hatte ein wunderschönes Kleid an und einen Hut auf dem Kopf.

Einen riesigen Hut. Mit einer breiten Krempe. Ein Schleier war auf dem Hut. Und Schleifen. Und viele Rosen. Die Urgroßtante hatte auch ein hübsches Kleid an. Und einen Hut auf dem Kopf. Der war noch größer als der Hut von der Urgroßmutter. Lange

Federn waren auf dem Hut. Und ein Band, so breit wie ein Schal, wehte vom Hut.

Die Mama schaute das Foto an, sie seufzte und sagte: »Traumhafte Hüte haben die damals gehabt! Schade, dass es solche Hüte nicht mehr gibt!«

Da wusste der Franz, was er der Mama schenken konnte!

Am nächsten Tag holte der Franz den riesigen Sombrero aus der Abstellkammer. Den hatte die Mama früher im Urlaub getragen. Weil er schon löchrig und ausgefranst war, mochte ihn die Mama nicht mehr.

Der Franz trug den Hut heimlich in sein Zimmer. Dann sammelte er zwei Tage lang Material für den Muttertagshut. Er fand allerhand: rote, weiße und blaue Schießbudenrosen, Seidenschleifen von Konfektschachteln, Spitzenborten von einem Unterrock, einen Rest Tüllgardine und einen karierten Seidenschal. Dazu schenkte ihm die Gabi noch einen erstklassigen Gamsbart, ein Büschel Fasanenfedern, eine Menge Zopfschleifen und einen ganzen Strauß Plastikblumen. Drei Abende lang arbeitete der Franz in seinem Zimmer am Muttertagshut. Die Zimmertür hatte er versperrt. Vier Tuben Kleber und zwei Rollen Isolierband verbrauchte er. Hundertmal stach er sich beim Nähen in die Finger. Aber am Abend vor dem Muttertag, um neun Uhr, war der Hut fertig.

Es war ein Wunderwerk von einem Hut! Kein Fuzerl vom alten Strohhut war mehr zu sehen. Die Oberseite der Krempe war voll Schießbudenrosen. Auf die Unterseite der Krempe war die Gardine genäht. Und die Zopfschleifen. Und die Borte vom Unterrock. Im Hutkopf steckten die Plastikblumen und der Gamsbart. Und hinten am Hut waren die Fasanenfedern und die Schleifen von den Konfektschachteln.

Der Franz holte das Fotoalbum mit dem Bild von der Urgroßmutter und der Urgroßtante. Er verglich seinen Hut mit den fotografierten Hüten. Er war sehr stolz. Sein Hut war noch viel schöner als die Hüte auf dem Foto! –

Am Muttertagsmorgen wachte der Franz sehr früh auf. Er nahm den Hut und lief ins Schlafzimmer. Die Mama und der Papa schliefen noch.

»Alles Schöne zum Muttertag!«, rief der Franz. Die Mama drehte sich im Bett um, murmelte »Danke, Franz« und zog sich die Decke über den Kopf.

»Schau doch mein Geschenk an!«, brüllte der Franz. Er hielt der Mama den Hut hin und zog an der Decke. Die Mama streckte den Kopf aus der Decke und blinzelte. Sie gähnte und fragte: »Was ist denn das Hübsches?« – »Ein Hut natürlich«, sagte der Franz. Die Mama bekam kugelrunde Augen. Der Franz dachte: Man sieht ihr die Freude richtig an!

Er rief: »Komm! Steh auf! Probier ihn!« Die Mama stieg aus dem Bett. Sie setzte sich auf den Hocker vor der Frisierkommode. Der Franz setzte ihr den Hut auf.

»Schön bist du damit«, sagte der Franz. Die Mama beschaute sich im Spiegel. Kein Wort sagte sie.

Der Franz dachte: Die Freude hat ihr die Rede verschlagen! Vor lauter Glück ist sie stumm!

Aber gleich darauf verschlug es auch dem Franz die Rede. Der Papa war nämlich aufgewacht. Und der saß nun im Bett und lachte. Ganz laut lachte er. Und an der Zimmertür stand der Josef und lachte auch. Auch ganz laut. Und beide, der Papa und der Josef, zeigten auf die Mama und kreischten:

»Was hast du denn auf dem Kopf?« Der Papa hopste im Bett herum und lachte. Der Josef hopste an der Tür und lachte. Der Papa hielt sich den Bauch und kicherte: »Mir tut ja schon vor Lachen alles weh!« Der Josef hielt sich den Bauch und kicherte: »Ich mach mir noch vor Lachen in die Pyjamahose!« Da riss der Franz der Mama den Hut vom Kopf. Er rannte mit dem Hut in sein Zimmer und schmiss ihn unter das Bett. Er warf sich aufs Bett und weinte. So stark, dass das ganze Bett wackelte. Er weinte, bis keine Tränen mehr in ihm waren. Bis er innen ganz trocken war. Dann schluchzte er nur noch. Und als er vom Schluchzen schon ganz schwach war, kam die Mama zu ihm. »Franz«, sagte sie. »Kränk dich nicht. Der Hut ist Spitze! Wirklich! Die beiden kennen sich bloß bei Hüten gar nicht aus!«

»Das sagst du so«, piepste der Franz. »Aber nein, großes Ehrenwort!«, sagte die Mama. »Dein Hut ist der schönste Hut der Welt!«

Die Mama hob die rechte Hand und streckte den Zeigefinger und den Mittelfinger weg. »Ich beschwöre es«, sagte sie.

»Bei deinem Augenlicht?«, piepste der Franz.

»Bei meinem Augenlicht!«, sagte die Mama. Der Franz guckte, ob die Mama nicht vielleicht die zwei Finger überkreuzt hatte, denn dann gilt ein Schwur nicht. Aber die Schwurfinger der Mama waren kerzengerade, wie es sich für einen richtigen Schwur gehört. Da war der Franz glücklich. Er war so glücklich, dass er den ganzen Vormittag über sang. Sogar beim Mittagessen sang er vor sich hin. Obwohl Singen mit vollem Mund eine anstrengende Sache ist.

Nach dem Mittagessen sagte die Mama: »So, jetzt gehen wir spazieren!« Die Mama zog das neue Kostüm an, der Papa schlüpfte in die Lederjacke, der Josef in den Lodenjanker.

»Franz! Komm! Wir sind schon alle fertig!«, rief die Mama.

Der Franz kam aus seinem Zimmer. Mit dem Muttertagshut kam er. »Mama, vergiss den Hut nicht«, sagte er. »Ich glaube, es weht zu starker Wind für den Hut, das hält er nicht aus«, sagte die Mama.

»Mein Hut hält alles aus«, sagte der Franz. »Aber es ist doch eher ein Sommerhut«, sagte die Mama. »Die Sonne scheint, es ist heute ganz wie im Sommer«, sagte der Franz. »Aber der Hut ist doch mehr ein festlicher Hut«, sagte die Mama.

»Muttertag ist ein Fest«, sagte der Franz. Da setzte die Mama den Hut auf. »Nein!«, rief der Papa.

»Nein!«, rief der Josef. »Doch«, sagte die Mama.

Der Papa zog die Lederjacke aus. »Ich hab Bauchweh«, sagte er. »Ich bleibe besser zu Hause!«

Der Josef zog den Lodenjanker aus. »Ich habe Kopfweh«, sagte er. »Ich bleibe besser zu Hause!«

So gingen die Mama und der Franz allein spazieren. Alle Leute auf der Straße schauten den Hut der Mama an. Manche Leute stolperten sogar. Weil sie sich nach der Mama umdrehten und vor lauter Staunen vergaßen die Füße zu heben.

»Sie bewundern den Hut, Mama«, sagte der Franz.

Die Mama war vor Freude über die viele Bewunderung ganz rot im Gesicht. Leider dauerte der Spaziergang nicht sehr lange. Der

Mama tat plötzlich der rechte Fuß sehr weh. »Franz«, sagte sie, »der Schuh ist zu klein. Er drückt an der Ferse. Ich habe sicher eine Blase, eine riesige!«

Darum gingen der Franz und die Mama wieder nach Hause. Die Mama ging sehr schnell. Der Franz wunderte sich, dass man mit einer Fußblase so schnell laufen kann.

Zu Hause schaute der Franz die rechte Ferse der Mama genau an. Von einer Blase war nichts zu sehen. Aber manchmal tut ja auch etwas weh, was man nicht sehen kann.

Seither hat die Mama den Muttertagshut nicht mehr aufgehabt. Sie sagt, sie muss sich erst ein Kleid kaufen, das zum Hut gut passt. Ein wunder-wunder-wunderschönes Kleid. Aber solche Kleider sind sehr teuer. Die Mama sagt, sie muss für so ein Kleid lange sparen. Und der Franz überlegt schon, ob er der Mama zum Geburtstag vielleicht ein Kleid basteln soll.

Christine Nöstlinger, Geschichten vom Franz, Verlag Friedrich Oetinger, Hamburg 1997

5. Unterhaltsames

a) *Sketsch: Der Hut*

Personen: Ehemann Balduin (Kosename Moppi)
Ehefrau Meta (Kosename Mausi)
Szene: Ein Ehepaar unterhält sich im Wohnzimmer
Requisiten: Telefon, Telefonbuch, im Hintergrund: Blumenfenster, ein moderner Damenhut, weitere Damenhüte

Balduin: *(sitzt zeitunglesend)*
Meta: *(kommt mit kleiner Gießkanne, beginnt Blumen zu gießen, blickt dabei mehrfach zu Balduin, schließlich)* Moppi!

Balduin: (*weiterlesend*) Ja? Mausi?
Meta: (*im Gießen unterbrechend*) Das war gestern ein netter Spaziergang ...
Balduin: (*blickt kurz auf, ziemlich verständnislos*) Hm ... Ja, gewiss!
Meta: (*scheinbar an Blumenblättchen zupfend*) ... und ein hübscher Schaufensterbummel, nicht?
Balduin: (*blickt länger auf, aber noch verständnisloser, dann höflich*) Ja, auch das!
Meta: (*gießt noch kurz, kommt dann näher zu Balduin*) Das neue Geschäft für Kunstgewerbe macht sich ganz gut ...
Balduin: (*guckt nur noch*)
Meta: (*eifrig*) Es passt sich prima an den Stil der anderen Läden in der Hauptsraße an, meinst du nicht?
Balduin: (*macht eine vage, zustimmende Geste*)
Meta: (*währenddem, betonter*) Zum Beispiel an den großen Blumenladen rechts daneben ... und auch an den eleganten Hutsalon links – an den Hutsalon Berger ...
Balduin: (*verschwindet ganz hinter seiner Zeitung*)
Meta: Moppi! (*die Zeitung zuckt*)
Meta: (*fährt fort*) Moppilein, erinnerst du dich, als wir gestern dort standen ...
Balduin: (*rückt mit seinem Stuhl etwas herum, um aus Metas Linie zu kommen und schlägt nervös die Beine übereinander*)
Meta: (*in Fahrt, rückt dabei nach*) ... und ich zeigte dir den Sommerhut ... Du weißt schon, den mit der flotten Krempe. (*bei »Krempe« macht sie eine entsprechende Handbewegung vor der Stirn*) Ist der nicht süß?
Balduin: (*hinter der Zeitung, schlägt die Beine wieder anders übereinander, schweigt*)
Meta: (*schmollend*) Balduin, du hörst mir überhaupt nicht zu! (*schnippt gegen die Zeitung*) Lass doch mal die dumme Zeitung!
Balduin: (*lässt ergeben die Zeitung sinken*) Bitte?

Meta:	Ich fragte, ob du dich an den schicken Sommerhut erinnerst – er ist doch wirklich fabelhaft!
Balduin:	*(ohne Interesse)* Findest du, Mausi?
Meta:	Ja, ich finde ... Und dir hat er gestern auch gleich gefallen.
Balduin:	*(steht auf)* So ...? Daran kann ich mich gar nicht entsinnen.
Meta:	Aber Moppi! Du sagtest doch ...
Balduin:	*(wachsam)* Ich sagte?
Meta:	*(betont)* ... der Hut hat Linie! *(schmeichelnd bei ihm)* Moppi – er hat meine Linie! Kauf ihn mir, bitte!
Balduin:	*(unbehaglich sich halb abwendend)* Mausi ... wirklich, das passt mir im Moment nicht besonders. In ein paar Tagen ist Ultimo!
Meta:	*(fröhlich)* ... Und da gibt's neues Geld!
Balduin:	*(sachlich)* ... Und da sind fällig: Miete und die Raten und ...
Meta:	*(schnell)* Ja, und die Beiträge für Fußballverein und Kegelclub!
Balduin:	*(verärgert)* Meta! Willst du damit sagen ...
Meta:	*(mit erhöhter Stimme)* Ich will überhaupt nur eins sagen: Balduin – ich will den Hut!
Balduin:	*(zieht die Brieftasche, zählt das Geld darin, ohne es herauszunehmen, wendet sich dabei halb ab)*
Meta:	*(beobachtet ihn)*
Balduin:	*(zieht einen 50-Mark-Schein heraus)* Schau her, Meta, das sind meine letzten 50 Mark.
Meta:	*(anscheinend erschrocken)* Oh, Balduin ... wirklich?
Balduin:	*(tut den Schein zurück)* Und da siehst du wohl ein ...
Meta:	Den Hut bekommen wir auf Kredit!
Balduin:	*(bestimmt)* Also, das kommt nicht in Frage!
Meta:	*(etwas abseits)* Ich muss den Hut haben – *(leise zu Balduin)* Balduin, wenn ich ihn heute nicht kaufe, geht mir der Hut verloren ... *(lauter)* Ihr Männer habt eben keine Ahnung, was das für uns Frauen bedeutet!
Balduin:	Ich weiß nur eins, du hast Hüte. Du besitzt Hüte in rauen Mengen! *(fuchtelt dabei mit der Brieftasche herum)*

Meta: *(lacht)* Geschickt übertrieben!
Balduin: *(schlägt die Brieftasche auf den Tisch, wo sie liegen bleibt)* Übertrieben? Warte – der Beweis kommt sofort! *(stürmt hinaus)*
Meta: *(nähert sich der Brieftasche, will sie untersuchen, muss es aber lassen, denn)*
Balduin: *(kommt zurück, den Arm voller Damen-Hüte, er lässt sie auf den Tisch rollen)* Und hier – was ist das? Hüte, Hüte, Hüte!
Meta: *(verächtlich)* Aber was für welche! Alles passé, alles unmodern!
Balduin: *(wütend)* Man sollte tatsächlich in jeden Hut das Einkaufs-Datum stempeln!
Meta: *(spitz)* Oder man sollte die Entwicklung der Mode aufhalten!
Balduin: *(hält einen der Hüte betrachtend hin und her)* Den hier finde ich ausgesprochen elegant ... *(näher bei Meta, einlenkend)* Setz ihn mal auf!
Meta: Ach, was!
Balduin: Auf den warst du ganz verrückt. Ist noch gar nicht so lange her! Na los, setz ihn doch mal auf!
Meta: *(setzt ihn unmöglich auf, stellt sich einfältig hin)* Na, und?
Balduin: *(zupft ihre Haare am Hutrand hin und her)* Ich bleibe dabei – elegant!
Meta: *(reißt den Hut herunter)* Unmöglich! Und du bist auch unmöglich!
Balduin: *(stülpt ihr kurzerhand einen anderen Hut auf)* Oder den hier. Für den hast du geradezu geschwärmt!
Meta: *(reißt auch diesen Hut herunter)* So, Balduin, und nun sind meine Haare reif für den Friseur – vorzeitig reif für den Friseur! *(sehr betont)* *(rückt an ihrer Frisur)* Was du hier mit mir machst, das ist seelische Grausamkeit – in Amerika sofort ein Scheidungsgrund!
Balduin: *(rafft die Hüte wieder zusammen)* Und alles wegen einem Hut! *(trägt die Hüte hinaus)*

Meta: (schnell zur Brieftasche, zählt das Geld, hält drei 50-Mark-Scheine hoch und zählt laut) 1 – 2 – 3. Einhundertfünfzig! Moppi, du hast geschwindelt!
(tut schnell das Geld zurück in die Brieftasche und diese auf den Tisch)

Balduin: (zurück, greift zur Zeitung, legt sie wieder weg, nimmt Brieftasche auf, steckt sie ein, dann Zeitung. Beine übereinanderschlagend) Das Thema ist für mich erledigt!

Meta: (wieder mit Gießkanne bei dem Blumenfenster) Soll das heißen, ich bekomme den Hut nicht?

Balduin: Nein. Und bitte nimm zur Kenntnis: Das ist mein letztes Wort in dieser Sache! (liest)

Meta: (ab mit Gießkanne, gleich darauf starkes Zuklappen einer Tür)

Balduin: (aufspringend, wirft die Zeitung auf den Tisch, rennt zur Tür, reißt sie auf) Meta! Metaa!!
(kommt zurück ins Zimmer, steht einen Moment überlegend, dann zum Telefon, Telefonbuch blätternd) Hutsalon – Berger ... Berger ... Ba ... Be ... hier ... Berger ... Hutsalon (wählt) 2 – 7 – 0 – 5 – 3. Hallo ... Ja, guten Tag. Könnte ich mal Ihren Chef sprechen, ach, ja bitte, es handelt sich um eine etwas heikle Angelegenheit ...
Herr Berger? Bitte, hören Sie ... Da wird gleich eine Dame bei Ihnen erscheinen, das heißt, vielleicht erscheinen ... Wie bitte? Zu Ihnen kommen hauptsächlich Damen? Ja, ja, natürlich, Sie führen ja einen Damenhutsalon. Aber bitte, das ist etwas Besonderes, weshalb ich anrufe ...
Wie? Sie haben auch für den besonderen Geschmack? Oh, gewiss, das ist wahr, das ist nur zu wahr! Hören Sie, die Dame, die eventuell gleich zu Ihnen kommt, ist meine Frau ... eh ... hm? Natürlich bin ich überzeugt, dass Sie sie erstklassig bedienen werden, aber ... hören Sie, das ist es ja gerade ... Sie sollen nicht!

Ja, Sie haben richtig gehört, Sie sollen sie nicht bedienen. Nicht bedienen! Das darf ich nicht von Ihnen verlangen? Und ob ich das kann! Herr Berger, im Vertrauen ... Und, bitte, glauben Sie, es ist traurig, so etwas sagen zu müssen, aber, wie gesagt, im Vertrauen: Meine Frau ist ein psychiatrischer *(mit entsprechender Bewegung zum Kopf)* Fall ... ja. Sie haben verstanden ... Hier oben nicht ganz ... nicht ganz beisammen! Aber, bitte ... es ist ein absolut harmloser Fall ... Ein Tick, ja, sie hat einen Tick ... den Hut-Tick ... am liebsten jeden Tag ein neuer Hut!
Sie begreifen, das kann ja kein Mann durchführen, nicht wahr? Sonst ist sie nämlich ein recht patenter Kerl, meine Frau ... aber eben dieser Tick ... Ich versuche ihn irgendwie zu unterbinden ...
Ja, da haben Sie Recht, das ist nicht so einfach ... Wem sagen Sie das? Nun ja, es gibt da so gewisse Veröffentlichungen, dass man für nichts aufkommt ... *(mit Betonung und auf die Brieftasche klopfend)* für nichts aufkommt! Sie kennen das gewiss. Bitte? Wie Sie meine Frau erkennen? Ja, du liebe Güte, wie erkennen? Der Name? Eh ... hm, ja, der tut wirklich nichts zur Sache ... Ah ... hallo, Herr Berger, hören Sie noch?
Es ist im Grunde nicht schwer, sie hat es nämlich hauptsächlich auf den großen beigefarbenen Sommerhut abgesehen, der in Ihrem Fenster steht, ja, auf den mit der schwungvollen Krempe ... Bitte, Sie können ja einfach sagen, der Hut wäre schon verkauft ... Hallo, wie? Er ist wirklich bereits verkauft? *(lehnt sich aufatmend zurück)* Ah, das ist gut ...

Meta: (kommt mit dem Hut auf dem Kopf, fröhlich) Ja, Moppi, verkauft an mich!
(Licht aus.)

Aus: Margarete Gering; Sketsche. Kurzspiele zur amüsanten Unterhaltung, Falkenverlag

b) Geschichte mit Bewegungen: Hubert und Mathilde Blümchen

Für diese Geschichte bekommt jede Frau zunächst ein kleines Symbol. Die einen bekommen eine Blume, die anderen ein Stück Filz und die dritte Gruppe bekommt ein Stück Geschenkband. Dann wird die Geschichte vorgelesen. Fällt nun das Stichwort »Blume«, dann müssen alle Frauen mit Blume kurz aufstehen. Bei dem Stichwort »Hut« stehen alle Frauen mit einem Filzstück auf, und bei dem Stichwort »Band« alle Frauen mit einem Stückchen Band.

Die Geschichte von Hubert und Mathilde Blümchen

»Liebe Mathilde«, sagte Hubert *Blümchen* an einem lauen Sommerabend. »Liebe Mathilde: Nachdem uns nun seit vier Jahren das zarte *Band* der Liebe verbindet, möchte ich dich heute Abend einladen.«

»O ja, liebster Hubert«, antwortete Mathilde.

Hubert fuhr fort: »Lass uns durch den Park laufen, die duftenden *Sommerblumen* riechen, und den Klängen der *Band* an der Kurpromenade lauschen und ins Stadttheater gehen.«

»O ja, liebster Hubert«, antwortete Mathilde. »Dann lass uns unsre Kleider anziehen und gehen.« – »Aber ich habe gar nichts zum Anziehen«, entgegnete Mathilde. »Keine Schuhe, kein Kleid, und erst recht keinen Hut, vor allem keinen Hut. Was mach ich nur ohne Hut, liebster Hubert? Draußen weht ein sanftes Windchen, und meine Frisur wird ganz durcheinander kommen ohne Hut.«

»Aber«, entgegnete Hubert, »du hast doch einen wunderbaren Strohhut mit einem roten *Band*, einem grünen *Band* und einem blauen *Band*.«

»Liebster Hubert, den kann ich auf keinen Fall aufsetzen. Ich kann doch nicht mit einem Strohhut durch den Park laufen, an den *Blumen* und der *Band* vorbei bis ins Stadttheater. Das geht nicht.«

Hubert *Blümchen* seufzte tief.

»Dann nimm doch diesen Hut.« Er griff auf die Garderobenablage und nahm einen zweiten Hut von Mathilde herab. Dann sprach

Hubert weiter: »Er passt zu deinem roten *Sommerblumenkleid*. Er hat ein schönes gelbes *Band* und kleine *Blümchen* darauf. Er steht dir wirklich gut.«

Mathilde schaute ihren Hubert entsetzt an.

»Diesen Hut soll ich aufsetzen? Ich soll damit durch den Park laufen, an den *Blumen* und der *Band* vorbei bis ins Stadttheater? Unmöglich! Das *Band* an diesem Hut ist ausgefranst und die *Blümchen* sind verstaubt.«

Hubert seufzte noch tiefer. Mathilde besaß nur diese beiden Hüte. Nun war guter Rat teuer. Aber Hubert beschloss, dass dieses Problem das zarte *Band* ihrer Liebe nicht beeinträchtigen durfte. Deshalb schlug er vor: »Liebste Mathilde, was hältst du davon, wenn wir heute Abend hier in unserem Haus bleiben und einen gemütlichen Abend im Garten bei unseren *Blumen* verbringen?«

»Was«, rief Mathilde empört, »du willst nicht mit mir ins Stadttheater gehen? Dann gehe ich eben allein!«

Sie ging zur Garderobe, band ohne Zögern ihr Kopftuch um und verschwand!

c) *Bewegungslied im Sitzen*

Kanon: Ausgang und Eingang (EG 175)

Gott behütet uns, wir sind in seiner Hut: Das wird auch mit folgendem Kanon ausgedrückt.

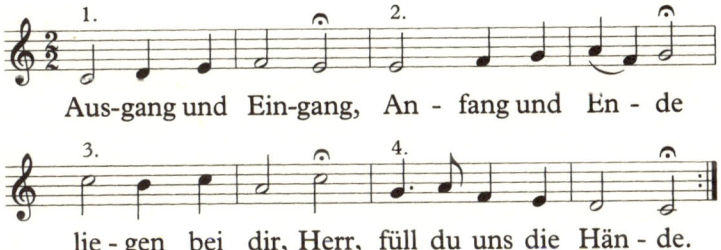

Text und Kanon für 4 Stimmen: Joachim Schwarz 1962

Ausgangsposition: Die beiden Hände liegen locker im Schoß.

Ausgang und Eingang
rechte Hand in einem linke Hand auf gleiche Weise
weichen Bogen vom Körper bewegen. Beide Hände sind
weg nach vorne führen nun zur Kreismitte hin gestreckt
(als wolle man jemandem und die Handflächen nach oben
etwas anbieten), offen.
Hand so lassen.

Anfang und Ende
Mit beiden Händen (bzw. Armen) einen großen Kreis beschreiben: Beide Hände befinden sich zunächst unten. Von hier werden sie in dieselbe Richtung bewegt, nämlich von unten rechts nach oben, nach links, nach unten. Beim Ankommen unten zeigen die Handflächen nach unten.

liegen bei dir, Herr,
Beide Hände im Handgelenk drehen, so dass die Handflächen wieder nach oben schauen und empfangen können.

füll du uns die Hände.
Die Hände formen eine Schale und wiegen leicht hin und her.

Bewegungen: Vera Kern

d) Weitere Ideen

Mit den abgebildeten Hutzeichnungen (s. S. 141-143) können Sie auf unterschiedliche Weise arbeiten:
- ➤ Sie eignen sich zur Dekoration oder als Motiv auf Kärtchen (s. unter 6),
- ➤ als Einstimmung aufs Thema (die Bilder werden gezeigt – vergrößert oder auf Tageslichtfolie – und die unterschiedlichen Hüte werden vorgestellt und erklärt),

Hüte/Spiele

> ➤ als Rätsel (Wie heißt welcher Hut?)
> ➤ oder als Memory (Erklärung s. unten).

- Machen Sie ein Riesenmemory mit Hutbildern: Kopieren Sie jeweils ein Hutbild auf ein Blatt Papier (z.B. DIN A5). Insgesamt brauchen Sie jedes Hutbild zweimal. Diese Bilder kleben Sie nun in willkürlicher Reihenfolge mit Tesafilm an eine Tür oder an eine Wand, so dass das Blatt immer kurz nach oben geklappt werden kann. Das Bild befindet sich dabei auf der Unterseite und ist nicht zu sehen. Die Rückseite der Bilder nummerieren Sie. Dann darf, wie beim richtigen Memory, abwechselnd geraten werden, welche beiden Bilder jeweils aufzudecken sind.

- Machen Sie ein paar Zaubertricks »aus dem Hut«.

- Singspiel: »Mein Hut, der hat drei Ecken«

- »Schlapp hat den Hut verloren«: Bei diesem Spiel sitzen alle in einem Kreis oder in einer Reihe. Dann bekommt jede eine Nummer. Es wird dazu der Reihe nach durchgezählt und bei eins angefangen. Die Nummer eins wird nun zu »Schlapp«. Schlapp beginnt. »Schlapp hat den Hut verloren. Nummer 4 hat ihn.« Schnell muss die Nummer 4 antworten: »4 hat ihn nicht, ... hat ihn.« usw. Wer sich verspricht, stecken bleibt, nicht oder falsch reagiert, wird selbst Schlapp. Der bisherige Schlapp setzt sich auf den letzten Stuhl. Alle anderen rücken entsprechend weiter und wechseln ihre Zahlen.

- Bei einem kleinen Kreis: Spielen Sie »Fang den Hut!«

- Bitten Sie die Frauen, zu diesem Nachmittag ihre Lieblingskopfbedeckung mitzubringen – Hut, Kopftuch, Mütze oder Schal. Lassen Sie die Frauen erzählen, welche Geschichte oder Vorliebe sich mit dieser Kopfbedeckung verbindet.

- Sammeln Sie normalerweise am Ende ein Opfer ein? Dann stellen Sie diesmal einen Hut anstatt einer Opferbüchse auf.

e) Preise

Zuckerhut
Fingerhut (zum Nähen)
Fingerhut (Blume oder Samentütchen)
Kopftuch
Lustige Postkarte mit Hutmotiv

6. Gestaltungsideen

– Legen Sie Hüte, Fingerhüte und Zuckerhüte auf den Tisch.

– Dekorieren Sie den Tisch mit Hutaccessoires wie Bändern, Blumen oder Federn.

– Machen Sie Kärtchen mit einem Hutmotiv und schreiben Sie Bibelsprüche darauf, in denen vom Behütetwerden die Rede ist. Legen Sie auf jeden Platz ein Kärtchen.

7. Vorschlag für den Stundenablauf

1. Begrüßung und kurze Einführung ins Thema
2. Lied: Herr, dein guter Segen ist wie ein großer Hut
3. Andacht
4. Lied: Herr, dein guter Segen (Wiederholung)
5. Gespräch: Was fällt uns zum Thema »Hut« ein?
6. Lied: Mein Hut, der hat drei Ecken
7. Kaffeetrinken
8. Sketsch: Der Hut
9. Lied: Schön ist ein Zylinderhut
10. Geschichte mit Bewegungen
11. Lied: Der Herr segne dich und behüte dich

Hüte/Stundengestaltung

Biedermeierschute

Hennin

Wagenrad　　　　　　　　Florentinerhut

Strohhut

Kopftuch

Hüte/Stundengestaltung

Dreispitz

Gamsbart

Melone

Baskenmütze

Zylinder

Turban

Hüte/Stundengestaltung

Reithelm

Schirmmütze

Sombrero

Narrenkappe

Chinesenhut

Rembrandthut

Bischofsmütze

Zeichnungen: Angela Körner-Armbruster; Quellen: Ruth Klein, Lexikon der Mode, Waldemar Klein Verlag, Baden Baden 1950

8. Literatur und Adressen

Literatur:

Lexika zur Mode

Adressen:

Das Technische Museum der Hutindustrie in Guben, Gasstr. 4-7, 03172 Guben, Tel. 035661/431350, Internet: www.hutmuseum.de

Städtisches Hutmuseum, Im Brennwinkel 4, 88161 Lindenberg, Tel. 08381/5138, Internet: www.lindenberg.de (Stichwortfolge: Porträt, Freizeitmöglichkeiten, Hutmuseum)

Winter

1. Das Thema

Der Winter ist die kalte, die unwirtliche Jahreszeit. So manche ältere Frau ist froh, wenn der Winter vorbei ist. Denn mit ihm ist das Leben beschwerlich und durchaus gefährlich. Immer wieder kommt es vor, dass sich jemand beim Ausrutschen auf dem glatten oder rutschigen Gehweg verletzt.

Der Winter – also die ungeliebte Jahreszeit? So könnte man durchaus meinen. Gerade deshalb finde ich es gut, sich dem Winter einmal von der anderen, der positiven Seite zu nähern, seine Schönheit und seine speziellen Möglichkeiten wieder wahrzunehmen und weiterzuvermitteln.

Und gerade zum Winter passt ja das gesellige Zusammenkommen bei einem Frauenkreisnachmittag oder -abend richtig gut. Nicht ohne Grund finden in manchen Orten nur in den Wintermonaten Frauenkreistreffen statt. Im Sommer haben die Frauen oft keine Zeit dafür. Bei einem humorvollen und entspannenden Nachmittag oder Abend verliert der Winter bald etwas von seinem grimmigen Gesicht.

2. Assoziationen

a) Stichworte und Redewendungen

Stichworte:
Schneeflocken, Schneekönig, Schneehase, Skisport, Schneewalzer, Wintergarten, Wintergetreide, Wintersport, Wintersaat, Wintergemüse, Eisheilige, Eiszeit, schneeblind, Schnee als Begriff für Rauschgift, Eissalat, Eisbein, Eiswein, Eis

Weitere Gedanken:
Schnee: tolles Spielmaterial für Kinder; für Ältere oft negativ und gefährlich. Schnee hat strahlende Helligkeit.

Der Winter ist: kalt, unwirtlich, matschig; Schmuddelwetter, man muss sich warm anziehen; es ist glatt, mühsam; man muss Schnee schippen, aber es ist auch kalt und klar und damit sehr erfrischend. Es ist schön, nach einem Spaziergang wieder heimzukommen, warmen Tee zu trinken und es sich gemütlich zu machen. Manche Menschen essen im Winter viel, was den Ausstoß des Glückshormons Serotonin anregt. Andere Menschen bekommen wegen Mangel an Sonnenlicht Winterdepressionen.

Im Winter ist in der Pflanzenwelt das neue Leben (Blüten) schon angelegt.

Auch der Ablauf des menschlichen Lebens wird mit den Jahreszeiten verglichen.

b) *Worte aus der Bibel*

Winter:
1. Mo. 8,22: Es soll nicht aufhören ... Sommer und Winter
Ps. 74,17: Sommer und Winter machst du
Hohel. 2,11: Denn, siehe, der Winter ist vergangen
Jer. 36,22: ... der König saß im Winterhaus
Mt. 24,20: ... dass eure Flucht nicht geschehe im Winter
Joh. 10,22: ... es war Winter
2. Tim. 4,21: ... dass du vor dem Winter kommst
Apg. 27,12: Und da der Hafen zum Überwintern ungeeignet war ...

Schnee:
2. Mo. 4,6: aussätzig wie Schnee
Hiob 37,6: Er spricht zum Schnee, so ist er bald auf Erden
Ps. 147,16: Er gibt Schnee wie Wolle
Ps. 148,8: Hagel, Schnee, die sein Wort ausrichten
Spr. 26,1: Wie Schnee im Sommer

Spr. 31,21: Sie fürchtet für ihr Haus nicht den Schnee (aus dem Lob der tüchtigen Hausfrau)
Mt. 28,3: Sein Kleid war weiß wie Schnee (vgl. auch Mk. 9,3 und Offb. 1,14)

schneeweiß:
Ps. 51,9: Wasche mich, dass ich schneeweiß werde
Jes. 1,18: so soll sie doch schneeweiß werden

c) Lieder

EG 483: Kanon: Herr, bleibe bei uns
EG 506: Wenn ich, o Schöpfer, deine Macht ...
EG 510: Freuet euch der schönen Erde

Ich bin das ganze Jahr vergnügt
Nicht lange mehr ist Winter
Schneeflöckchen, Weißröckchen
Und in dem Schneegebirge
Es ist für uns eine Zeit angekommen
Der Winter ist vergangen

3. Andacht und Gebet

»Solange die Erde steht, soll nicht aufhören Saat und Ernte, Frost und Hitze, Sommer und Winter, Tag und Nacht.« (1. Mose 8,22)

»Winter« ist unser Thema, und vielleicht ist dies der bekannteste Vers in der Bibel, in dem es auch um den Winter geht.
  Dieser Bibelvers steht am Ende der Sintflutgeschichte. Da wird von der großen Flut erzählt, die über die Erde kommt und alles vernichtet; nur Noah und seine Arche werden gerettet.

Und nun, als Noah und seine Familie wieder festen Boden unter den Füßen haben, da baut Noah einen Altar und opfert Gott.

Und Gott gibt Noah und allen Menschen nach ihm dieses feste Versprechen: Solch eine Flut wird sich nie mehr wiederholen. Es wird Naturkatastrophen geben, aber keine wird mehr das Ausmaß der Sintflut annehmen. Das verspricht Gott. Und Gott setzt ganz bestimmte Gesetzmäßigkeiten, ganz bestimmte Naturordnungen, auf die wir uns fest verlassen dürfen.

1. Gott setzt gute Ordnungen:

»Solange die Erde steht, soll nicht aufhören Saat und Ernte, Frost und Hitze, Sommer und Winter, Tag und Nacht.«

Vier verschiedene Wortpaare kennzeichnen diese Naturordnung: Saat und Ernte, Frost und Hitze, Sommer und Winter, Tag und Nacht.

Diese Gegebenheiten bestimmen den Grundrhythmus unseres Lebens. Sie kennzeichnen die immer wiederkehrende gute Ordnung Gottes.

Das eine ist die Ordnung des Jahres: Saat und Ernte, Sommer und Winter. Das andere ist die Ordnung des Tages: Tag und Nacht, und der Wechsel von Kälte und Hitze, denn im Orient ist es tagsüber sehr heiß und nachts kalt.

Wir dürfen uns darauf verlassen, dass diese Ordnungen bestehen bleiben, solange die Erde besteht.

2. Es ist gut, mit Gottes guten Ordnungen zu leben:

Diese Ordnungen sind gut für uns, sie tun uns gut.

Wenn Sie von einem Bauernhof kommen, dann haben Sie hier einen großen Vorteil. Denn dann sind Sie mit diesem Wechsel der Jahreszeiten, mit den Ordnungen des Jahres aufgewachsen. Andere Menschen tun sich da schwerer. Denn der Unterschied zwischen den Jahreszeiten wird heute immer mehr verwischt. So gibt es etwa Erdbeeren und Pflaumen auch im Winter zu kaufen. Manch einer fliegt im Winter für mehrere Wochen in ein heißes Land. Andere wieder fahren im Sommer zum Skifahren auf einen Gletscher.

So werden die Unterschiede zwischen Sommer und Winter immer unkenntlicher.

Ähnlich ist es beim Unterschied von Tag und Nacht. Gerade Jugendliche machen gern mal am Wochenende eine Nacht durch, oder auch zwei. Und unser Nachthimmel ist schon lange nicht mehr richtig dunkel. Da gibt es Discoscheinwerfer, die Muster an den Himmel werfen, oder riesige Flutlichtanlagen zum Objektschutz bei Fabrikgebäuden.

Die Unterschiede zwischen Tag und Nacht, zwischen Sommer und Winter werden so immer mehr verwischt.

Gerade deshalb ist es gut, sich immer wieder an Gottes gute Ordnungen zu erinnern und zu versuchen, bewusst mit ihnen zu leben.

Wir wollen uns heute Nachmittag mit dem Winter beschäftigen.

Der Winter ist oft die Jahreszeit, in der wir mit einem Seufzer sagen: O ja, es ist halt wieder Winter! Da ist manches beschwerlich, manches, was uns nicht gefällt, was uns unangenehm ist. Und viele freuen sich schon mächtig auf den Sommer.

Aber gerade deshalb wollen wir uns heute – mit der Andacht und während des ganzen Nachmittags – überlegen:
- Welche positiven, welche schönen Seiten hat der Winter?
- Was ist das Gute an ihm?
- Was will uns der Winter sagen, wozu will er uns verhelfen, wozu will er uns nützen?

Winterzeit – das ist die Zeit der Kälte, der kurzen Sonnentage, die Zeit, in der die Natur ruht. Viele Tiere machen einen Winterschlaf, ziehen sich mit ihren Vorräten in eine Höhle zurück und kommen erst im Frühjahr wieder hervor.

Bäume werfen ihre Blätter ab und ziehen ihren Saft ganz in die Wurzeln zurück. Pflanzen verdorren und erfrieren mit ihren oberirdischen Stängeln und Blättern, nur die Wurzeln im Boden überleben die Kälte. Die Natur, die Pflanzen vor allem, brauchen den »Schlaf«, die Ruhezeit, um im Frühjahr wieder mit neuer Kraft auszutreiben und aufzublühen.

Winterzeit ist Ruhezeit. Und der Winter erinnert uns daran, dass auch wir solche Ruhezeiten in unserem Leben brauchen. Sie sind in Gottes guter Ordnung für uns vorgesehen. Gott schenkt uns mit dem Winter die Möglichkeit, auch einmal einen Gang langsamer zu schalten:
- um Kräfte zu sammeln,
- um zur Besinnung zu kommen,
- um dankbarer zu werden,
- um Zeit füreinander und für uns selbst zu haben.

Im Winter hat man draußen nicht so viel zu tun, man *kann* auch gar nicht viel tun. Und so ist der Winter die ruhigere, häuslichere Jahreszeit.

Ähnlich empfinden es auch die Menschen, die im hohen Norden leben. Dort ist es den Winter über monatelang dunkel, es scheint keine Sonne. Das ist eine schwierige Zeit. Und doch hat in einem Interview einmal eine Frau gesagt, sie würde den Winter bei einem Wegzug vermissen. Denn der Winter sei die »soziale Jahreszeit«:
- in der man Zeit hat, sich gegenseitig zu besuchen;
- zum Kaffeetrinken, allein oder mit anderen;
- zusammen zu sein, Gemeinschaft zu pflegen;
- Zeit vielleicht für Hobbys, Stricken, Nähen, Lesen, Basteln, Musik hören.

Das ist das Gute am Winter, dass Gott uns durch ihn die Möglichkeit zur Ruhe und zum Kräftesammeln schenkt.

Und dann hat der Winter noch eine andere gute, nützliche Seite für uns: Der Winter ist oft karg, kalt und unwirtlich. Und es ist seltsam: Mit dem Winter verändern sich auch unsere Maßstäbe. Manches – wie Wärme oder blühende Blumen – ist plötzlich nicht mehr so selbstverständlich und wird deshalb umso kostbarer. Man fängt an, sich über Kleinigkeiten viel mehr zu freuen. Kleinigkeiten, die wir im Sommer übersehen, gar nicht zur Kenntnis nehmen würden.

Wir freuen uns über die Sonne, über einen warmen Tag, über die ersten Blüten im Garten. Zehn, fünfzehn Grad an einem warmen, sonnigen Wintertag erscheinen einem als unheimlich warm, man sitzt bereits im Straßencafé. Im Sommer dagegen, da empfinden wir solche Temperaturen als ungemein kalt, und man bleibt daheim und setzt sich nicht einmal in den Garten. Und das, obwohl es die gleiche Temperatur ist.

Im Sommer haben wir vieles reichlich und im Überfluss. Im Winter verändern sich unsere Maßstäbe. Wir sind für weniger dankbar, für einzelne Dinge, die an Wert gewinnen.

Schon deshalb ist es gut, dass es den Winter gibt. Wir dürfen Gott danken, dass er uns in seinen guten Ordnungen den Winter schenkt,
– weil der Winter uns die Möglichkeit zum Ausruhen gibt
– und weil der Winter uns dankbarer macht, dankbarer für Sonne und Wärme und für die Schönheit der Natur. Und vielleicht auch dankbarer für Gottes Hilfe und Beistand und Bewahrung, auf die wir in der Winterzeit ganz besonders angewiesen sind.

Gebet

Vater im Himmel!

Wir danken dir für die guten Ordnungen, die du für unser Leben gegeben hast. Wir danken dir für den Ablauf von Tag und Nacht und für den Wechsel der Jahreszeiten.

Wir möchten dich bitten, dass du uns immer wieder hilfst, mit diesem guten Rhythmus zu leben. Wir bitten dich ganz besonders für die jetzige Winterzeit: Lass uns Ruhe finden und Kraft tanken. Mach uns immer wieder dankbar für alles Schöne und Gute, das wir erleben.

Sei du bei den Menschen, für die der Winter beschwerlich ist, weil sie sich nicht mehr auf die Straße trauen oder weil sie an einer Winterdepression leiden. Hilf du ihnen und stehe ihnen bei.

Vater im Himmel, wir danken dir, dass du unser guter Gott bist, der uns liebt und der für uns sorgt, im Sommer und im Winter, in guten und in bösen Tagen.

Amen.

4. Materialsammlung zum Thema

a) *Lebensbild: Jerri Nielsen – Ärztin am Südpol*

Irgendwann im Frühjahr 2001 in einer Talkshow des ZDF: Zu Gast bei Johannes B. Kerner ist eine beeindruckende Frau mit ansteckendem Lachen. Ihr Name: Jerri Nielsen.

Jerri Nielsen ist Ärztin und lebte fast ein Jahr am Südpol. Dort erkrankte sie an Brustkrebs und musste sich selbst behandeln. Ihre Geschichte erzählt sie in dem Buch »Ich werde leben«.

Erschöpft und müde war Jerri heimgekehrt. Eine lange Nacht in der Notaufnahme des Krankenhauses von Cleveland, Ohio, lag hinter ihr. In der Küche machte sie sich eine Tasse Tee und schaute die Post durch. Eine medizinische Fachzeitschrift war gekommen. Sie blätterte darin. Ihre Blicke blieben bei den Stellenangeboten hängen: Drei Ärzte für Forschungsstationen in der Antarktis wurden gesucht.

Jerri war auf einmal hellwach. Das war's! Das war genau das Richtige für sie. Da brauchte sie gar nicht lange nachdenken. Das war ihre Stelle!

Jerri war zu diesem Zeitpunkt, im Herbst 1998, 46 Jahre alt. Sie war geschieden, hatte drei Kinder, die bei ihrem geschiedenen Mann lebten, und sie war Notärztin in einem Krankenhaus. Jerri war dabei, ihr Leben neu zu ordnen. 23 Jahre lang war sie in einer schwierigen Ehe verheiratet gewesen. Sie wurde von ihrem Mann manipuliert, in psychische Abhängigkeit gebracht, durch Intrigen von ihren Freunden isoliert. Nur mühsam schaffte sie es, sich aus der Kontrolle ihres Mannes zu befreien. Zu ihrem großen Schmerz blieben ihre Kinder nach der Scheidung bei ihrem Vater und sie verlor nach und nach den Kontakt zu ihnen.

Jerri zog wieder in ihr Elternhaus.

In dieser Situation las Jerri von dem Stellenangebot am Südpol. Die Antarktis hatte sie schon immer interessiert. Und schon seit ihrer Jugend sehnte sie sich nach Abenteuer und den wilden Seiten des Lebens.

Winter/Lebensbild

Jerri faxte ihren Lebenslauf an die zuständige Organisation und bereits wenige Tage später stellte sie sich vor. Es war nur noch eine Stelle frei, die Stelle direkt am Südpol. Und sie suchten jemanden, der die Stelle sofort antreten konnte.

Jerri besprach sich mit ihren Eltern und ihren zwei jüngeren Brüdern. Die Familie Cahill hatte ein starkes Zusammengehörigkeitsgefühl und solch wichtige Entscheidungen wurden gemeinsam im Familienrat besprochen. Der Familienrat war begeistert: Alle meinten, diese Stelle in der Antarktis sei genau das, was Jerri jetzt brauchte. Jerri nahm den Job an.

Die nächsten vier Wochen waren sehr ausgefüllt. Tests mussten gemacht werden und Kleider gepackt. Wenige Wochen später verließ Jerri die USA in Richtung Neuseeland. Von dort aus wurden sie und andere Mitarbeiter bei geeignetem Wetter in die Antarktis geflogen. Am 21. November 1998 kamen sie an. Von Anfang an war Jerri von der Schönheit der Antarktis begeistert.

Ihr Ziel war der geographische Südpol. Hier sollte sie in der Amundsen-Scott-Station als einzige Ärztin Dienst tun. Noch war es »Sommer«, das heißt, es war 24 Stunden am Tag hell, und die Temperaturen lagen bei minus 37 Grad Celsius. Täglich flogen Flugzeuge die Station an, die mit 200 Leuten besetzt war. Eine neue Forschungsstation war im Aufbau und daran wurde emsig gearbeitet. Zu Beginn des Winters aber, Mitte Februar, würden die meisten Leute die Station verlassen. 41 Mitarbeiter sollten überwintern, darunter auch Jerri Nielsen. 8 ½ Monate lang würde die Station aufgrund der großen Kälte und der Stürme dann von außen nicht mehr erreichbar sein.

Jerri lebte sich rasch ein. Sie überprüfte ihre Krankenstation, bestellte fehlende Medikamente und holte sich wichtige Tipps von dem scheidenden Südpolarzt. Jerri war nun Mädchen für alles: Sie war Ärztin, Krankenschwester, Arzthelferin und Putzfrau ihrer Station. Kaum konnte sie es erwarten, bis die Station endlich geschlossen wurde und sie mit den 40 anderen Überwinterern zurückblieb.

Am 15. Februar 1999, bei minus 45 Grad Celsius, waren sie endlich allein. Noch vier weitere Tage kamen Flüge mit wichtigen Versorgungsgütern, dann wurde auch dieser Kontakt unterbrochen.

Für die nächsten Monate war die Mannschaft auf sich gestellt. Erst am 25. 10. sollte die Station wieder geöffnet werden. Nie zuvor hatte sich Jerri so glücklich und so lebendig gefühlt! Auch die anderen Mitarbeiter freuten sich, dass sie jetzt endlich unter sich waren. Nun konnten sie sich in Ruhe auf ihre Arbeit konzentrieren: Einige versorgten den Fuhrpark mit Bulldozern, Zugmaschinen und Schneemobilen. Sie kümmerten sich um die Generatoren, die Wärme lieferten und von denen das Leben der Bewohner abhing. Wissenschaftler arbeiteten an astronomischen und meteorologischen Problemen, andere Mitarbeiter kümmerten sich um die Verpflegung.

Auf der Station gab es keinen Fernsehempfang. Meist nur wenige Stunden in der Nacht war über Internet oder Telefon eine Verbindung nach außen möglich. Daneben gab es Verbindungen zu Amateurfunkern.

Bald schon lernte sich die bunt zusammengewürfelte Gruppe näher kennen und das »gesellschaftliche Leben« konnte beginnen. Nach getaner Arbeit traf man sich zum geselligen Beisammensein. Vorträge wurden gehalten, Videos angeschaut, Musik gehört und getanzt und phantasievolle Partys gefeiert. Einmal wurde ein ganzes Schwein gegrillt. Mechaniker hatten dazu in der Werkhalle einen Riesengrill hergestellt, auf dem »Wilbur«, so nannten sie das Schwein im Spaß, 1½ Tage lang gegrillt wurde. Zu diesem Fest kamen die Gäste in ihren Kälteanzügen, mit vielen Schichten von warmem Material übereinander. Denn dieses Grillfest fand bei minus 64 Grad Celsius statt!

Immer wieder gab es kritische Situationen, auch beim Grillen des Schweins. Wilbur fing Feuer, konnte aber noch rechtzeitig gelöscht werden. Mehrmals gab es Schäden im Bereich der Generatoren. Es waren brenzlige Situationen, denn die Ursachen mussten innerhalb einer Stunde gefunden und repariert werden. Sonst hätten die Generatoren aufgrund der extremen Kälte ihren Dienst aufgegeben.

Jerri machte ihre Arbeit Spaß. Sie versorgte die wenigen Kranken, hatte ein offenes Ohr für ihre Probleme, erledigte den Papierkram.

Im März, vier Wochen nach der Schließung der Station, entdeckte Jerri den Knoten in ihrer Brust. Sie lag im Bett und las, als sie zufällig mit der Hand über ihre rechte Brust strich. Dort war ein großer, nicht abgegrenzter harter Knoten.

Jerri erschrak. Sie hatte schon immer eine Brust, die zur Knotenbildung neigte. Doch im Verlauf ihres Zyklus verschwanden diese Knoten immer wieder. Deshalb beschloss Jerri, zunächst niemandem etwas zu sagen und einen Monat abzuwarten.

Nach außen merkte man ihr nichts an. Sie schien unbeschwert, fröhlich, lachte gerne und kümmerte sich weiter professionell um ihre Pflichten als Ärztin.

Einen Monat später war der Knoten immer noch da, ja, er schien gewachsen zu sein. Jerri beschloss, über Internet einen befreundeten Radiologen in den USA um Rat zu fragen. Er beruhigte sie zunächst.

Dann kam bei Jerri eine schmerzhafte Schwellung unter dem rechten Arm dazu. Jerri war alarmiert. Als Ärztin wusste sie, dass diese verschiedenen Symptome Anzeichen für Krebs sein konnten.

Es war der 10. Juni und höchste Zeit, den Leiter der Forschungsstation und die anderen Mitarbeiter zu informieren. Jerri machte sich große Sorgen wegen der medizinischen Versorgung der Station. Was würde geschehen, wenn sie als einzige Ärztin zu krank würde, um ihre Aufgaben zu erfüllen oder wenn sie noch vor Öffnung der Station starb?

Schon in den Monaten zuvor hatte Jerri einige ihrer Kollegen als Sanitäter ausgebildet. Dies wollte sie nun gezielt fortsetzen, um im Falle ihrer Arbeitsunfähigkeit eine medizinische Grundversorgung der Station zu gewährleisten. Gleichzeitig wurden verschiedene Spezialisten in den USA über Internet wegen des Knotens um Rat gefragt. Doch es war schwierig, über diese Entfernung eine Diagnose zu stellen. Der Röntgenapparat am Südpol war alt und unzuverlässig, ein Ultraschallgerät war nicht vorhanden, die Testmöglichkeiten im Südpollabor begrenzt.

Jerri traute sich zu, notfalls selbst ihren eigenen Blinddarm herauszuoperieren. Aber konnte sie auch einen Tumor aus ihrer Brust entfernen? Und was würde geschehen, wenn sie nur einen Teil der Geschwulst erwischte?

Die wichtigste Frage aber blieb: War der Knoten bösartig? Klarheit sollte eine Untersuchung der Gewebeflüssigkeit bringen. Zu diesem Zweck sollte mit einer langen Nadel in die Brust gestochen und der Inhalt des Knotens abgesaugt werden. Er war inzwischen auf eine Größe von 4 x 5 cm gewachsen.

Einer ihrer »Sanitäter« assistierte Jerri, zur Betäubung der betroffenen Stelle nahm sie Eiswürfel. Dann begann der Eingriff. Mehrere Male stach ihr Helfer zu. Doch der Versuch misslang. Es konnte keine Flüssigkeit gewonnen werden.

Jerri besprach die Situation mit ihrer Ärztin in den USA. Noch war die genaue Diagnose unklar. Gleichzeitig wurden Pläne gemacht, was getan werden konnte, wenn sich der Verdacht bestätigte. Ein Flug zum Südpol wurde ins Auge gefasst. Gelandet werden konnte nicht, aber es war möglich, bei guten Wetterbedingungen Paletten mit medizinischem Material und Medikamenten für eine Chemotherapie abzuwerfen.

Zunächst aber sollte das Gewebe genauer untersucht werden. Erneut rief Jerri ihre Sanitäter zusammen. An Kartoffeln und Äpfeln wurde geübt, wie eine Gewebeprobe entnommen werden konnte. Dann wurde für die Nacht eine Video-Lifeschaltung in die USA geplant. Jerri legte sich auf die Liege. Eine Narkose kam für sie nicht in Frage, da sie als Ärztin die Untersuchung leiten und kontrollieren musste. Die ersten Proben entnahm Jerri selbst, dann kam ihr Helfer an die Reihe. Die Gewebeproben wurden mit Farbe präpariert, unters Mikroskop gelegt und via Internet in die USA gesendet. Das Ergebnis zeigte nur gutartiges Gewebe, trotzdem blieben Zweifel, da die Farbpräparierung mit unzureichendem Material erfolgte. Endgültige Klarheit würde es erst nach einer weiteren Gewebeuntersuchung mit neuem medizinischen Material geben. Dieses Material wurde Anfang Juli von einem Flugzeug abgeworfen. Nun konnten die Gewebeproben neu eingefärbt werden. Aber immer noch waren die Ärzte mit der Qualität der Bilder nicht zufrieden. Deshalb nahm Jerri mit ihren Helfern eine zweite Biopsie vor. Das Gewebe wurde mit dem neu erhaltenen Färbemittel behandelt und die Bilder in die USA gesendet.

Am 22. 7. kam das Ergebnis, und es war eindeutig. Jerri hatte Krebs. Die Zeit bis zu einem möglichen Abtransport von der Station wurde nun für eine Chemotherapie genutzt.

Jerris Ärztin in den USA stellte die Dosierung so ein, dass Jerri weiterhin ihrer Arbeit nachkommen konnte. Parallel dazu wurde eine Östrogenbehandlung durchgeführt. Dadurch wurde die Menopause frühzeitig ausgelöst. Nach einigen Wochen fielen Jerris Haare aus. Nur schwer konnte sie diese Veränderung verkraften.

Zunächst ging der Knoten dramatisch zurück. Mitte September aber begann er wieder zu wachsen. Das Medikament der Chemotherapie wurde geändert. Jerri »kämpfte« in diesen Wochen über E-Mail mit ihrer amerikanischen Ärztin. Sie wollte Genaueres wissen über ihre Prognosen und über die Wahrscheinlichkeit, diese Krankheit zu überleben. Natürlich konnte die Ärztin aus der Entfernung nur vorsichtige Aussagen machen. Jerri wusste nicht, ob sich der Kampf mit der Krankheit lohnen würde. Trost und Ermutigung gaben ihr vor allem immer wieder ihre Eltern und Brüder in den USA, die ihr unzählige E-Mails schickten. Ende September wurde ein vorzeitiges Ausfliegen ins Auge gefasst. Sobald wie möglich sollte ein Flug an den Südpol gewagt werden.

Noch immer ging Jerri ihrer Arbeit nach und beteiligte sich am gesellschaftlichen Leben der Station. Wenige Wochen vor ihrem Abflug aber verschlechterte sich ihre Lage deutlich.

Am 16. Oktober 1999, neun Tage vor der offiziellen Öffnung der Station, landete ein Flugzeug am Südpol. Nur wenige Minuten Zeit blieben für das Aussteigen des neuen Arztes und für das Einsteigen von Jerri und einem weiteren Patienten.

Die Motoren der Maschinen blieben die ganze Zeit am Laufen. Bei dieser Kälte wären sie sonst nicht mehr zu starten gewesen. Die Kufen jedoch waren in der kurzen Zeit bereits festgefroren. Trotzdem gelang der Start. Über Neuseeland wurde Jerri in die USA gebracht. Das Medieninteresse an dieser Rettungsaktion war enorm.

Im Krankenhaus von Indianapolis wurde sie operiert. Weitere Chemotherapien und Bestrahlungen folgten. Alle Tests ergaben, dass der Tumor zu Jerris großem Erstaunen keine Metastasen gebildet hatte. Eine postoperative Infektion brachte Jerri jedoch nochmals an den Rand des Todes. Dann aber begann ihre Erholung. Im April 2000 fanden sich in Jerris Körper keine Hinweise mehr auf Krebs.

Zur Zeit arbeitet Jerri Nielsen wieder als Ärztin und wohnt in ihrer Heimat Ohio. Und doch hat sie sich nie mehr zu Hause gefühlt, als in der Zeit am Südpol, dem Land, das sie liebt.

Erzählt nach: Jerri Nielsen, Ich werde leben, Marion von Schröder Verlag, München 2000

b) Lustiger Reim

»Wenn du spürst bei Eis und Schnee
schlimmes Nasenspitzenweh,
Zähneklappern, Schlotterbein,
dann muss kaltes Wetter sein.«

c) Gedicht von Johannes Rist:
Auf die nunmehr angekommene kalte Winterszeit

Der Winter hat sich angefangen,
Der Schnee bedeckt das ganze Land,
Der Sommer ist hinweggegangen,
Der Wald hat sich in Reif verwandt.

Die Wiesen sind von Frost versehret,
Die Felder glänzen wie Metall,
Die Blumen sind in Eis verkehret,
Die Flüsse stehn wie harter Stahl.

Wohlan, wir wollen von uns jagen
Durchs Feu'r das kalte Winterleid!
Kommt, laßt uns Holz zum Herde tragen
Und Kohlen dran, jetzt ist es Zeit!

Laßt uns den Fürnewein hergeben
Dort unten aus dem großen Faß!
Das ist das rechte Winterleben:
Ein heiße Stub und kühles Glas.

Wohlan, wir wollen musizieren
Bei warmer Luft und kühlem Wein!
Ein ander mag sein Klagen führen,
Den Mammon nie läßt fröhlich sein.

Wir wollen spielen, scherzen, essen,
Solang uns noch kein Geld gebricht,
Doch auch der Schönsten nicht vergessen,
Denn wer nicht liebt, der lebet nicht.

Wir haben dennoch gnug zu sorgen,
Wann nun das Alter kommt heran.
Es weiß doch keiner, was ihm morgen
Noch für ein Glück begegnen kann.

Drum will ich ohne Sorge leben,
Mit meinen Brüdern fröhlich sein.
Nach Ehr und Tugend tu ich streben,
Den Rest befehl ich Gott allein.

d) Gedicht von Matthias Claudius:
  Ein Lied, hinterm Ofen zu singen

Der Winter ist ein rechter Mann,
Kernfest und auf die Dauer;
Sein Fleisch fühlt sich wie Eisen an,
Und scheut nicht süß noch sauer

War je ein Mann gesund, ist er's;
Er krankt und kränkelt nimmer,
Weiß nichts von Nachtschweiß noch Vapeurs
Und schläft im kalten Zimmer.

Er zieht sein Hemd im Freien an
Und läßt's vorher nicht wärmen;
Und spottet über Fluß im Zahn
Und Kolik in Gedärmen.

Aus Blumen und aus Vogelsang
Weiß er sich nichts zu machen,
Haßt warmen Drang und warmen Klang
Und alle warme Sachen.

Doch wenn die Füchse bellen sehr,
Wenn's Holz im Ofen knittert,
Und um den Ofen Knecht und Herr
Die Hände reibt und zittert;

Wenn Stein und Bein vor Frost zerbricht,
Und Teich' und Seen krachen;
Das klingt ihm gut, das haßt er nicht,
Denn will er sich tot lachen.

Sein Schloß von Eis liegt ganz hinaus
Beim Nordpol an dem Strande;
Doch hat er auch ein Sommerhaus
Im lieben Schweizerlande.

Da ist er denn bald dort, bald hier,
Gut Regiment zu führen.
Und wenn er durchzieht, stehen wir
Und sehn ihn an und frieren.

e) Artikel von Marit von Lübtow:
Die Jahreszeiten eines Lebens

»Man muss lange leben, um ein Mensch zu werden« (Saint-Exupéry). Wie lange muss ich noch leben, um ein Mensch zu werden? Was heißt überhaupt »lange«? Reichen 20, 30 oder gar 40 Jahre? Ich habe lange gelebt, jedenfalls empfinde ich das so. Es ist Herbst in meinem Leben. Spätherbst – Erntezeit. Dies ist meine vorletzte Variante des Themas »Leben ist altern – altern heißt wandeln« – und das in doppeltem Sinn. Wandel gleich Verwandlung und wandeln gleich fortbewegen, etymologisch: wenden – winden – wiederholt wenden.

Wie gut das zu meinen Gedanken passt. Ich könnte mein Leben rückschauend als eine sich nach oben formende Spirale sehen: Dieselben Themen tauchen immer wieder auf, aber nun sehe ich sie aus einem neuen Blickwinkel. Habe ich doch inzwischen Erfahrungen gewonnen und bin weitergekommen auf meiner Lebensspirale. Anfang und Ende tauchen auf, beziehungsweise tauchen ein in dem »Alles in Allem«, dem Einen, in Gott. Mein Winter wird eine Rückkehr zum Ursprung sein, so glaube ich es. Doch bin ich nicht mehr die, die ich vor fast 70 Jahren war. Oder doch? Zum Teil vielleicht? Die Frage erhebt sich, was beim Durchschreiten der Jahre verändert wurde und was geblieben ist.

Die ersten Lebensjahre
Mit der Geburt fällt das Kind aus der Einheit mit der Mutter und wird zum Säugling. Die Summe der bisherigen Sinneserfahrungen erweitert und verändert sich damit. Schmecken, riechen, sehen, fühlen mussten, wie später auch alles Neue, in das bis dahin Erlebte integriert werden. Das Kleinkind erfuhr dann schon die schmerzhaften Prozesse der Frustration (Spinat vom Löffel anstelle der Mutterbrust) und den Verlust von Illusionen (die Eltern sind doch nicht allmächtig). Bald erfuhr auch das Kleinkind die Spannung des menschlichen Daseins, indem es einerseits den Wunsch nach Abgrenzung spürte, andererseits aber Angst hatte, die elterliche Geborgenheit zu verlieren. Diese Urformen der

Gefühle wie Angst, Abhängigkeit, Auflehnung, Eifersucht, Wut und Freude lernt das Kleinkind in den ersten drei Jahren kennen. In dieser Zeit wird der Grund dieser Eigenschaften überhaupt erst ermöglicht.

Ist das Trotzalter abgeklungen, versucht das Kind sich in Rollenspiel und Nachahmungen, spätere Wandlungen und Formen spielerisch und im Schutz der Familie vorwegnehmend.

Suchen und Finden von Identität
Bis zur Pubertätszeit öffnet und verändert sich das soziale Umfeld. Das erstarkende Ich erfährt sich zum Beispiel in der Schule, probeweise im Leistungswillen und Konkurrenzverhalten, es fühlt sich unrealistisch stark.

Das ändert sich schnell in der Pubertät; der Schmerz der Selbstverunsicherung verstärkt die Suche nach der eigenen Identität. Er ist die Triebfeder der Weiterentwicklung. Im Jugendalter wendet sich die Aufmerksamkeit der Heranwachsenden dem Du zu, sie probieren intime Beziehungen aus. In der späteren Jugendzeit werden wichtige persönlichkeitsformende Entscheidungen getroffen, wie die zu einem bestimmten Beruf. Die eigene Persönlichkeit wächst mit dem Erwachsenenbewusstsein und der Loslösung von den Eltern und deren Anschauungen. Der junge Erwachsene schließlich – in der Zeit vom 21. bis 35. Lebensjahr etwa – festigt sich im Erreichen, und der Prozess der Veränderungen scheint zum Stillstand zu kommen. Dann, in der Lebensmitte – um die 40 bis 50 herum – öffnet sich der Mensch nach innen, das Erreichte wird hinterfragt, die Zukunft will mit neuen Aufgaben und Zielvorstellungen geformt werden.

Prozesse auf dem Weg zur Persönlichkeit
Nach Chrarlotte Bühler vollziehen sich die Lebensphasen in einem »Dominanzwechsel der Strebungen«. So steht in der Kindheit die »Bedürfnisbefriedigung« im Vordergrund der Entwicklung, in der Jugend die »selbstbeschränkende Anpassung«, im Erwachsenenalter die »Selbstverwirklichung« und im Alter die »Herstellung einer Ordnung«. Wie immer dieser Weg grob umschrieben wird, er ist

von Irrtümern, falschen Annahmen und deren Revision, Enttäuschungen und Selbsttäuschungen gekennzeichnet. Es sind oftmals turbulente Jahre und Zickzackwege. Die Grenzen von einer Entwicklungsstufe zur nächsten sind fließend, und jede muss voll durchlebt werde. Die jeweiligen Entwicklungsaufgaben und Krisen müssen gelöst werden, weil jede Phase nur auf der vorangegangenen aufbauen kann. Mit den bereits erworbenen Fähigkeiten und Entwicklungen kann die nächste Phase verarbeitet werden. Die Arbeit der Befreiung aus inneren Zwängen, überkommenen Maßstäben zur ureigenen Interpretation dessen, was mir widerfährt, ist eine mühsame und schmerzliche Herausforderung, aber sie ist wesentlich, denn wichtig ist im Leben weniger das, *was* ich erlebe, sondern *wie* ich es erlebe. Die eigene Identität, der Kern des Ichs, formt sich im Spannungsfeld von Macht und Ohnmacht, Selbständigkeits- und Abhängigkeitswünschen, Erwartung und Enttäuschung. Am Ende weiß ich vielleicht ein bisschen deutlicher, was ich kann und wer ich bin. So entwickelt sich erst im Laufe eines ganzen Lebens die Persönlichkeit. Die Essenz meines Seins wird erst im »Herbst« deutlich, so wie die Struktur eines Baumes erst dann erkennbar ist, wenn die Blätter gefallen sind.

Der Rückblick im Alter
Ja, so bin ich ohne »Feigenblatt« und Maske. Aber ich habe noch Vitalität in mir, jedoch ist sie zurückgezogen, wie bei den Wurzeln des herbstlichen Baumes. So höre ich im Alter nicht auf zu lernen, ich revidiere falsche Standpunkte und reagiere auf Herausforderungen mit meinen individuellen Möglichkeiten. Wenn ich auf mein Leben zurückschauen und eine Gewinn- und Verlustrechnung aufstellen würde, würde ich dankbar feststellen, dass ich verloren habe, was ich nicht mehr brauche. Dazu gehören Illusionen, viel Intoleranz, falsche, weil fremde Normen, auch Einseitigkeiten, unnötige Auflehnung. Gewonnen habe ich neue Einsichten, Prioritäten, Dankbarkeit, verzeihen können, ein neues Gefühl von Befreitsein. Ich habe neue, erweiterte Möglichkeiten des Fühlens und Denkens gewonnen und kann deshalb mein gelebtes Leben voll und ganz bejahen.

Alles Durchlebte gehört zum Muster meines Lebens. »Inmitten der Nacht steigen Dinge aus der Vergangenheit auf, die nicht immer Grund zur Freude geben – die unbewältigten, schmerzvollen Begegnungen, die Fehler, die Anlässe für Scham und Kummer. Doch alles, Gutes und Schlechtes, Schmerzliches und Freudvolles webt sich zu einem reichen Teppich zusammen, und alles gibt mir Nahrung zum Danken, Nahrung zum Wachsen.« (May Sarton)

Nach meiner letzten Verwandlung, dem Tode, werde ich diesen Teppich von oben sehen, sein Muster erkennen, anstatt die Rätsel der linken, verworrenen Unterseite fragend zu betrachten.

Aus: ARBEIT UND STILLE, 4/96, »Wanderungen«, MBK-Verlag, Herm.-Löns-Str. 14, 32105 Bad Salzuflen

f) Erzählung: Eine seltsame Schneegeschichte

Tom war fünfzehn Jahre alt. Er lebte in einem kleinen Dorf in Schottland. In der Schule war er sehr schwach. »Was soll aus ihm werden?«, fragten die Eltern. Damals war gerade der Schäfer gestorben. Er hatte die Schafe des Dorfes gehütet. »Tom wird Hirte!« Das war gut für ihn. Hier konnte er die Gaben entfalten, die er hatte. Ein Hirte muss viel können.

Tom wurde ein guter Hirte. Er führte seine Schafe weit weg vom Dorf, tief in die Berge. Er weidete sie auf grünen Wiesen. Er führte sie zur Wasserquelle. Er kannte jeden Weg und führte seine Schafe am Abend sicher in den Stall. Wenn nachts ein Wolf kam, stellte er sich vor die Herde. Er vertrieb den Räuber. Im Sommer sammelte er Heu für den langen Winter, er stapelte es in einer großen, trockenen Höhle. Er gab ihnen Heu für eine Woche. Dann verschloss er die Höhle mit einem Gatter und ging zurück ins Dorf. Nach einer Woche kam er zurück und fütterte seine Schafe wieder. Für den langen Weg brauchte er immer drei Tage.

Wieder war Winter, Tom war im Dorf. Jetzt musste er wieder hinausgehen und die Schafe füttern. Als er einen Tag fort war, kam ein großer Schneesturm. Schnee fiel meterhoch. Die Menschen im

Dorf sagten: »Hoffentlich ist Tom in der Höhle geblieben. Nach dem Sturm wird er zurückkommen.«

Der Schneesturm hörte auf. Aber Tom kam nicht. Man suchte nach ihm. Er war in der Höhle gewesen. Die Schafe hatten frisches Heu. Und da sah man auch seine Spuren im Schnee. Sie führten weg von der Höhle, zurück ins Dorf. Überall wurde gesucht. Aber man fand Tom nicht. »Er ist im Schnee umgekommen«, sagten die Bauern.

Es wurde Frühling. Der Schnee schmolz. Da fand man Tom. Am Wege. In der Schneehöhle. Erfroren. Aber die Männer, die ihn fanden, sahen, dass er seltsam dalag. Toms Hände lagen auf seiner Brust. Und mit der rechten Hand hielt er den Ringfinger der linken fest umschlossen. Ganz fest. Die Männer schauten sich verlegen an. Sie konnten sich nicht denken, warum Tom so eingeschlafen und erfroren war.

Da kam der Pfarrer des Dorfes. Er sah Tom lange an. Dann sagte er zu den Männern: »Ich will euch sagen, warum Tom das gemacht hat. Im Konfirmandenunterricht konnte er nicht viel lernen. Auch nicht den Psalm vom guten Hirten. Da sagte ich zu ihm: »Tom, du lernst nur die ersten fünf Worte von diesem Lied. Strecke deine linke Hand aus und spreize die Finger. Jetzt kannst du die fünf Worte an den Fingern abzählen: Der – Herr – ist – mein – Hirte. Tom ging mit dem Zeigefinger der rechten Hand an den fünf Fingern entlang. Beim Daumen fing er an: Der – Herr – ist – mein – Hirte. Jesus ist der gute Hirte. Er kennt dich. Er geht mit dir. Er ist dein Hirte. Dein Hirte, der dich nicht verlässt. Merk es dir. Und damit du es gewiss nicht vergisst, umklammerst du bei dem Wort MEIN mit der rechten Hand den Ringfinger der linken. So. So ist es recht. Der – Herr – ist – Mein – Hirte. Er lässt uns nicht umkommen. Und niemand wird uns aus seiner Hand herausreißen. Auch nicht der Tod!«

Da wussten die Männer, woran Tom gedacht hatte, als er starb. Und sie dachten an den guten Hirten.

Aus: Jungscharleiter 4/94

5. Unterhaltsames

a) Sketsch: Die Schneiderfahrt

Personen: Kunde *(mit bayerischem Akzent),* Verkäuferin *(spricht Hochdeutsch und schnell)*
Spielanleitung: Auf der Bühne ist eine Art Teppich- und Tapetengeschäft aufgebaut. Auf einer Verkaufstheke liegen Tapetenrollen und Teppichreste.

Verkäuferin: Was wünschen Sie? Kann ich Ihnen helfen?
Kunde: Klar, könna Sie mir helfen. I brauchat an Belag für ...
Verkäuferin: Ach, Sie interessieren sich für Beläge. Sehr gut! Sehr gut! Da haben wir eine Riesenauswahl ...
Kunde: Ja, des woaß i scho. Ich hab eueren Katalog schon studiert, aber absolut nix kapiert, weil alles so kompliziert is. I brauch jaaa blooooß an oafach'n ...
Verkäuferin: Ich verstehe! Sie suchen einen guten, strapazierfähigen, problemlosen, pflegeleichten ... äääähhhh ...
Kunde: ... Belag. Des is ja eeeh klar, dass i des mit der Pflege net so genau nimm. Wissn'S ! I lauf ja bloß am Wochenende und mach doch da koa Expedition draus.
Verkäuferin: Absolut klar! Also der Belag wird nicht strapaziert. Sie sind Wissenschaftler und viel unterwegs auf Expeditionen. Da hilft Ihnen ein billiger Belag nicht viel. Da müssen Sie schon höher einsteigen. *(zeigt ein Stück her)* Schauen Sie, da haben wir beispielsweise den brandneuen, rutschfesten, bombenfest haftenden PVC-Jäger-Schaum-Belag.
Kunde: Jajaja! Guat! Freili bin i oiwai unterwegs. Nnnaaa, net oiwai. Aber hinhaun därfs mich natürlich auf gar koan Fall, weill – wissn'S, mei Steißboa ist ... schon sehr empfindlich.

Verkäuferin:	*(zeigt das Muster)* ... garantiert rutschfest, mein Herr ... Unser Weichschaum-Jäger-Noppen-Belag aus PVC, strapazierfähig und ideal für alle Nassräume.
Kunde:	Freili, freili! Des waar scho recht, weil wenn's nass is, dann macht des natürli koan Spaß.
Verkäuferin:	Sehr richtig! Am besten nehmen Sie den hochwertigen wasserunempfindlichen 100%-Polyvenyltetrachloridbelag mit dem Florentiner Muster in fünf schönen Farben, absolut umwelt- und entsorgungsfreundlich.
Kunde:	*(stellt sich dumm)* Was soll i mit dene fünf Farben und dem Florentiner Muster. Wenn's frisch gschneit hat, dann daat i halt gern am Sonntagnachmittag ...
Verkäuferin:	Frisch geschneit? Aha! Ja, dann brauchen Sie unseren robusten, wasser- und wetterfesten Belag aus gewebten, luftgefüllten 100%-Polychlorid-Röhrchen mit Drainage-Effekt mit verschweißten Kanten zum sagenhaft günstigen Preis, besonders geeignet für den trockenen, feinkörnigen Neuschnee.
Kunde:	Aha! ... Jaaa, dann habn Sie natürlich aa was für Eis und für verharschte Pisten.
Verkäuferin:	Natürlich! Alles, was Sie brauchen für jede Jahreszeit. Beläge für den Winter, Beläge für den Sommer, Beläge ...
Kunde:	Halt! Halt! I brauchat ja bloß ...
Verkäuferin:	Beläge für die Terrasse, Beläge für Balkone, Beläge für Pisten. Unsere Beläge machen überhaupt keine Arbeit. Hoch lichtecht und verrottungsfest! Hygienisch und antibakterizid, fußwarm und schalldämmend. Huuuundert Prooozent Prooooypyyyy ...
Kunde:	*(hält sich die Ohren)* Hörn'S bittschen auf! Des is ja wieder soo furchtbar kompliziert! I brauch ja bloß an g'scheid'n ...
Verkäuferin:	... Belag. Weiß ich doch! Natürlich für ...

Kunde:	... meine Schi!
Verkäuferin:	*(schaut verblüfft)* Wie bitte?
Kunde:	*(ganz ernst und selbstverständlich)* Für meine Schi!
Verkäuferin:	Ja, warum sagen Sie denn das nicht gleich? Da sind Sie doch bei uns verkehrt!
Kunde:	Aber Sie haben mich doch gar nicht ausreden lassen. Und außerdem schreiben Sie da in dem Blattl: Preisgünstige Beläge!
Verkäuferin:	Ja freilich. Aber wir führen nur Bodenbeläge und keine für Schi.
Kunde:	Und i fahr extra von M. nach A. um an billigen Belag! Und was hab i jetz? A Schneiderfahrt!

Quelle: Franz X. Riedl, Handbuch Sketsche 2, pb Verlag, Puchheim 2000

b) *Bewegungslied im Sitzen*

Kanon: Herr, bleibe bei uns (EG 483)

Im Winter wird es frühzeitig Nacht, und so passt der folgende Kanon gut zu diesem Thema: »Herr bleibe bei uns ...« (EG 483).

Text: Lukas 24,29
Kanon für 3 Stimmen: Albert Thate 1935
© by Bärenreiter-Verlag, Kassel

Die Hände liegen zunächst locker im Schoß.

Herr, bleibe bei uns
Bittende Geste: Die Hände (Arme) in einem halben Bogen jeweils nach außen führen (d.h. rechter Arm nach rechts, linker Arm nach links), als wolle man dirigieren, bis Hände ca. in Schulterhöhe sind (bequeme Haltung).

denn es will Abend werden,
Wir brauchen einander, wenn es dunkel wird: Hände suchen Nachbarhände, fassen sich an und wiegen leicht hin und her

und der Tag hat sich geneiget
Wir können im Frieden Gottes ruhen: Hände lösen und vor dem Körper langsam zusammenführen und zu einem »Handkreuz« werden lassen, bis die Hände so in den Schoß zurücksinken und dort ineinander liegen, wie nach »getaner Arbeit«.

Bewegungen: Vera Kern

c) Rätsel

Diese Rätsel können Sie in Gruppen raten lassen. Legen Sie vorher zur Gruppeneinteilung verschiedene Schneeflockenbilder auf die Plätze. Wer das gleiche Bild hat, gehört jeweils zu einer Gruppe. Auch die Punkteverteilung geschieht mit Schneeflocken. Für jede richtige Antwort erhält die Gruppe eine Schneeflocke. Sieger ist die Gruppe, bei der es am meisten »geschneit« hat.

1. Wann beginnt und wann endet der Winter?
   21. Dezember bis 20. März

2. In welchem Märchen wird erzählt, warum es schneit?
   Frau Holle

3. Wie heißt die erfolgreichste und bekannteste Eisschnellläuferin Deutschlands?
   Gunda Niemann-Stirnemann

4. Wie geht das Lied »Winter ade« weiter?
   Winter ade! Scheiden tut weh.
   Aber dein Scheiden macht, dass mir das Herze lacht!
   Winter ade! Scheiden tut weh!
   Gerne vergeß ich dein, kannst immer ferne sein.
   Winter ade! Scheiden tut weh!
   Gehst du nicht bald nach Haus, lacht dich der Kuckuck aus.
   Winter ade! Scheiden tut weh! (Hoffmann von Fallersleben)

5. Nennen Sie drei Tiere, die einen Winterschlaf machen!
   Z.B. Igel, Fledermaus, Hamster, Bär, Murmeltier

6. Eskimos leben fast immer unter winterlichen Bedingungen. Sie haben besondere Häuser. Wie heißen diese?
   Iglu

7. In der Bibel wird eine Krankheit erwähnt, die aussieht wie Schnee. Welche Krankheit ist das?
   Aussatz; z.B. in der Geschichte von der Berufung des Mose; 2. Mose 4,6

8. Für alle Gruppen zu raten: Wie kalt ist dieses Wasser?
   Möglichst kaltes Wasser wird in einen Krug gegossen. Mit einem Thermometer wird die Temperatur gemessen. Dann darf jede Frau kurz hineinfassen und einen Temperaturtipp abgeben. Danach wird nochmals gemessen, falls sich die Temperatur geändert hat. Wer hat den besten Tipp abgegeben?

9. Aus welchem Lied stammt der folgende Vers?
   »Und kommt die kalte Winterzeit,
   da ist mein Häuschen überschneit;
   das ganze Feld ist kreideweiß
   und auf der Wiese nichts als Eis,
   und auf der Wiese nichts als Eis.«
   Ich bin das ganze Jahr vergnügt

10. Wo fanden im Jahr 2002 die olympischen Winterspiele statt?
    Salt Lake City

11. In welchem Märchen hat die Hauptperson etwas in ihrem Namen, das zum Winter gehört?
    Schneewittchen (oder: Schneeweißchen und Rosenrot)

12. Nennen Sie vier Bäume, die im Winter keine Blätter haben!
    Eiche, Buche, Birke, Linde, Pappel, verschiedene Obstbäume

13. Heute suchen meist Schäferhunde bei Lawinenunglücken nach Vermissten. Früher war es eine andere Hunderasse, die dazu abgerichtet wurde. Welche Hunde waren es?
    Bernhardiner.
    Heute nimmt man Schäferhunde, weil sie viel leichter und beweglicher sind. Der Name »Bernhardiner« kommt von den Mönchen, die auf dem Großen St. Bernhard in der Schweiz lebten. Sie haben als erste Hunde zum Aufspüren von verschütteten Menschen abgerichtet.

14. Wie heißt die Sportart, in der die Athleten langlaufen und schießen?
    Biathlon

15. Fußspuren im Schnee verraten, welche Tiere über den Schnee gelaufen sind. Welche Tiere sind es hier?
    (siehe Seite 172)

16. Ein Mann aus der Bibel kam in große Seenot, weil sein Schiff im Hafen losfuhr und keinen geeigneten Hafen zum Überwintern mehr erreichte. Wer war dieser Mann?
    Paulus

17. Wie geht der Kinderreim weiter? »ABC, die Katze lief im Schnee ...«
    ABC, die Katze lief im Schnee.
    Und als sie dann nach Hause kam,
    da hatt' sie weiße Stiefel an,
    ABC, die Katze lief im Schnee.

Tierspuren im Schnee

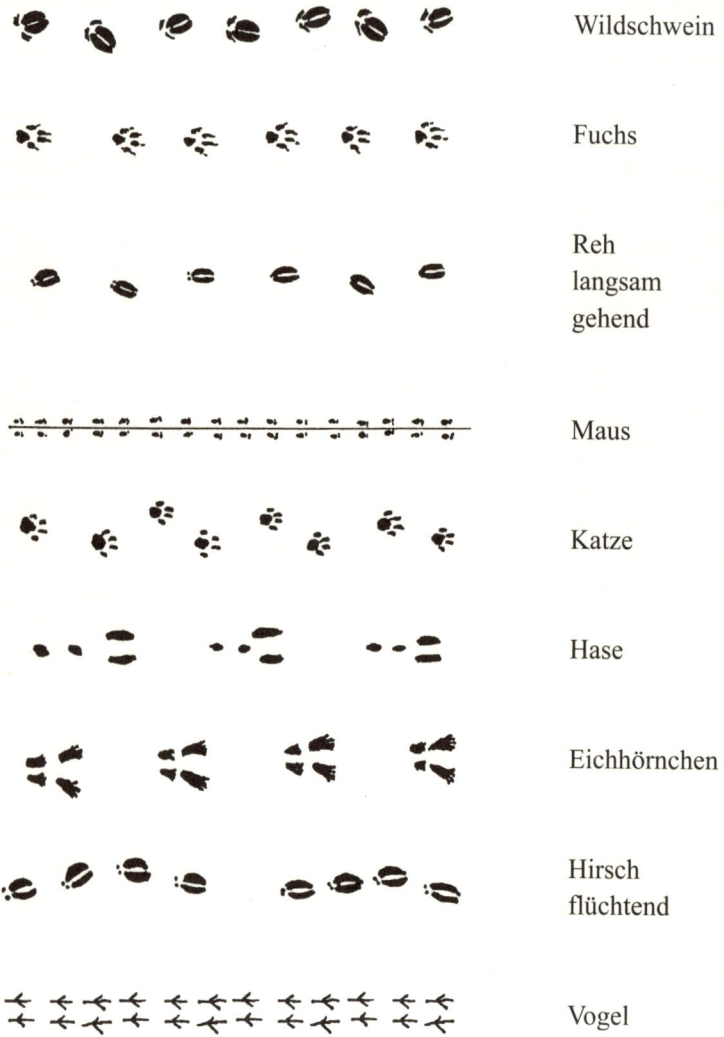

Zeichnung von Sabine Willmeroth, Anja Rösgen, aus: Die Winter-Werkstatt, Verlag an der Ruhr, Mülheim a.d.R. 1999

Winter/Rätsel 173

18. Wie nennt man in Russland den Winter?
    Väterchen Frost

Vorlagen für Schneeflocken

Anregungen verdanke ich: Fiederike Naroska, Mein Winterbuch, Herder, Freiburg 1990

d) Weitere Ideen

- Schneiden Sie verschiedene Zweige von Bäumen ab (ohne Blätter) und lassen Sie erraten, zu welchem Baum der jeweilige Zweig gehört.
- Im Winter ist es kalt, da muss man immer viel an- und ausziehen. Wer ist dabei die Schnellste?
Stellen Sie dazu zwei Stuhlreihen auf. Die Frauen sitzen hintereinander.
Die beiden vordersten Frauen haben nun die Aufgabe, Mütze, Schal und Handschuhe anzuziehen. Danach stehen sie auf, laufen zu der hintersten Frau und berühren sie. Auf dieses Signal hin steht diese Frau auf und berührt ihrerseits die Vorderfrau, die aufsteht und für die »Berührerin« Platz macht. So geht es durch die ganze Reihe, bis jede Frau letztlich um einen Stuhl nach vorne gerutscht ist. Die Frau mit Mütze, Schal und Handschuhen sitzt auf dem letzten Stuhl. Sobald sie sitzt, beginnt sie, sich auszuziehen und ihre Kleidungsstücke nach vorne durchzugeben. Sind sie vorne angekommen, beginnt das Ganze aufs Neue. Wenn die erste Frau wieder vorne sitzt, ist das Spiel beendet. Die Stuhlreihe, die zuerst fertig ist, hat gewonnen und bekommt einen kleinen Preis. Auch die Verlierer bekommen eine Kleinigkeit, um sich von den Strapazen zu erholen.

e) Preise

Eiskonfekt, Gletschereisbonbons, Schneebesen (Küchengerät), Schneemannkerze, Servietten mit winterlichem Motiv, Kugel, in der es schneit, Ferrero Raffaello (sehen aus wie kleine Schneebälle), Eisbergsalat, Schneekoppe-Produkte (z.B. Portionsmarmelade), Plastikfolientüten um Eiswürfel zu machen, Wintergemüse

6. Gestaltungsideen

– Graben Sie für die Tischdekoration Schneeglöckchen aus, legen Sie sie mitsamt den Zwiebeln in eine Schale und decken Sie die Ränder mit Moos ab.
– Legen Sie auf jeden Platz ein Raffaello. Diese Kokoskugeln sehen aus wie kleine Schneebälle.
– Legen Sie auf jeden Platz ein Schneeflockenbild (s. S. 173). Dies können Sie zugleich zur Gruppeneinteilung nutzen: Alle Frauen mit den gleichen Schneeflocken gehören in eine Gruppe.
– Zum Kaffee passen Bratäpfel oder ein Kuchen mit »Schnee«-Überzug (d.h. mit Sahnehaube). In manchen Gegenden gibt es auch ein Gebäck, das »Schneeballen« heißt.
– Rose von Jericho: Diese vertrocknete »Rose« stammt aus den Gebieten Vorderasiens und Afrikas. Sie sieht aus wie ein Büschel Heu und macht einen toten Eindruck. Wird sie mit Wasser übergossen, so beginnen ihre Zweige sich zu entfalten, ähnlich einer Seerose. Die Rose von Jericho eignet sich gut als Beispiel dafür, wie auch im kargen Winter das neue Leben schon angelegt ist. (Bezugsmöglichkeit s. 8., Adressen)

7. Vorschlag für den Stundenablauf

1. Lied: EG 506, 1-4: Wenn ich, o Schöpfer, deine Macht ...

2. Wir tauschen uns aus: Was fällt uns zum Thema »Winter« alles ein?

3. Andacht und Gebet

4. Winterliche Stimmungsbilder (Dias)

5. Wer ist heute Nachmittag unsere *Schnee*königin?
   Wer hat im Winter Geburtstag? Und wer von Ihnen ist die Älteste? Diese Frau ist für den heutigen Nachmittag unsere

*Schnee*königin und bekommt einen *Eis*salat geschenkt, damit sie den Winter vollends gut übersteht.

6. Kaffeetrinken
7. Gemeinsamer Austausch und Erzählen: Wie war es früher im Winter? Was gab es damals für Besonderheiten?
8. Lied: Ich bin das ganze Jahr vergnügt
9. Rätsel (s. 5c)
10. Lesen der Schneegeschichte (s. 4)
11. Lied

8. Literatur und Adressen

Literatur:

Rolf Krenzer/Detlev Jöcker: Lieber Herbst und lieber Winter, Menschenkinder Verlag, Münster 1998

Sabine Willmeroth/Anja Rösgen: Die Winterwerkstatt, Verlag an der Ruhr, Mülheim an der Ruhr

Diaserie »Licht im Winter«, Evangelische Medienzentrale

Adressen:
Bezugsmöglichkeiten für die Rose von Jericho:
- C. Steiner, Trockenblumen-Design, Mühlenstr. 70, 13187 Berlin, Tel. 030/48 09 77 69. Internet: www.trockenblumen-design.de (Hier finden Sie auch eine spezielle Seite mit Informationen über die Rose von Jericho.)
- Die Rose von Jericho ®, Bertholdplatz 1, 76530 Baden-Baden, Tel. 0 72 21/39 18 88. Internet: www.rosevonjericho.de
- Der Katalog, Hänssler Verlag, Holzgerlingen